TEATRO E TRADUÇÃO DE TEATRO

vol. II

Monólogos de Enzo Moscato, Isidora Stevenson, Dario Fo e Franca Rame, Stefano Benni e Eurípides

Dados Internacionais de Catalogação na Publicação (CIP) de acordo com ISBD

T253

Teatro e tradução de teatro: Monólogos de Enzo Moscato, Isidora Stevenson, Dario Fo e Franca Rame, Stefano Benni e Eurípides / organizado por Anna Palma, Ana Maria Chiarini, Tereza Virgínia Ribeiro Barbosa. - Belo Horizonte, MG : Relicário, 2019.
136 p. ; 14cm x 21cm - (v.2)

Inclui índice.
ISBN: 978-85-66786-94-1

1. Teatro. 2. Monólogos. I. Palma, Anna. II. Chiarini, Ana Maria. III. Barbosa, Tereza Virgínia Ribeiro. IV. Título.

2019-906 CDD 792
CDU 792

Elaborado por Odilio Hilario Moreira Junior - CRB-8/9949

COORDENAÇÃO EDITORIAL Maíra Nassif Passos
PROJETO GRÁFICO E DIAGRAMAÇÃO Caroline Gischewski
REVISÃO Silvia P. Barbosa (Letras e Normas)

RELICÁRIO EDIÇÕES
www.relicarioedicoes.com
contato@relicarioedicoes.com

Relicário

Grupo de Tradução de Teatro

TEATRO E TRADUÇÃO DE TEATRO

vol. II

Monólogos de Enzo Moscato, Isidora Stevenson, Dario Fo e Franca Rame, Stefano Benni e Eurípides

PREFÁCIO

Vocal desnudamento *or my singing striptease*

de Enzo Moscato

Quando tudo falta, quando tudo nos desaponta, quando tudo se mostra como uma derrota irreparável, uma única coisa talvez me reste sempre: a voz.

Para mim, é ela a pequena rocha para a qual bato em retirada diante da visão das águas perigosas de que me salvei.

É ela o meu refúgio, meu esconderijo, a intransponível linha de resistência atrás da qual se resguardam meu corpo e meu espírito, desolados, mas não de todo vencidos.

Naturalmente, a voz pode apresentar-se como um franco lamento ou uma franca alegria – sem justificativas, apoios, enfeites cenográficos – e, então, é o "meu" teatro, a representação, pobre e orgulhosa, livre e audaz, das minhas fantasias ou das minhas recordações, transbordada numa onívora escritura, absolutamente sem patrão.

Ou, então, é o canto em si mesmo – o canto pelo canto –, à capela, ou acompanhado por algum acorde solitário de instrumento, ou ainda excessivamente afogado numa multidão de notas desordenadas...

O importante é que seja respeitado e conservado o princípio do Absoluto a que obedece: não exatamente a palavra, mas um seu duplo, uma sua sombra ou luz, um seu prolongamento ou abreviação, uma sua ausência ou exaltação, uma sua morte ou vida, dependerá de onde irá pousar o som e de que espaço – estreito ou largo, avaro ou generoso – receberá, da boca que o pronuncia e do ouvido que o acolhe!

Mas também ele – o canto pelo canto –, assim como o teatro nu e cru, não tem e não deve ter referências, comprometimentos, cafetinagens, narcisismos, estetismos, finalismos.

É apenas o gesto/sinal de uma retirada, de um subir numa rocha e contemplar, de um conseguir, talvez mais uma vez, escapar de águas perigosas, e agradecer.

A quem? A Deus, talvez. Se tivermos fé. Ou, na falta dele, ao Grande Céu, que, exatamente por ser vazio e livre, recebe o nosso canto como a fumaça que se erguia das oferendas votivas no vale dos maias, dos incas ou dos indianos.

E foi isso que fiz desde sempre, desde o início de minha aventura artística: subir numa rocha e contemplar/cantar. E isso continuarei a fazer enquanto tiver fôlego na garganta que me permita continuar.

Porém, "subir numa rocha", "bater em retirada", não é um ato de orgulho ou de soberba. De maneira alguma.

Olhar para trás e ver a água que atravessamos e agarrar--se à pedra, apoiando-se apenas na própria força/voz, não é um vão não-agir, um salvar-se egoísta a despeito dos outros, mas coisa totalmente diferente. Ou melhor, tantas outras, e várias coisas juntas:

• Um recolher energia e lançar-se novamente;

• Um refletir - pensar - projetar-se;

• Um afundar (enxuto) um pouco mais em si mesmo, no grande mar desconhecido que temos dentro; e, enfim, experiência mais paradoxal e mais mirabolante de todas: um mover-se - um ir -, um viajar "estando parado"...

Porque cantar é exatamente isto: caminhar na imobilidade, dilatar-se na exiguidade, livrar-se de/em meio a correntes, espalhar-se pelo mundo, livre dos portões e das grades da mais rígida e monástica clausura.

Nada mais que o canto - alma emitida em seu estado puro - permite migrações, deslocamentos, êxodos, nomadismos, peregrinações - linguísticos e estilísticos, étnicos e formais, espaciais e cronológicos -, mesmo permanecendo imóveis onde estamos, no instante/ponto em que forçamos a úvula a expressar-se, a transformar-se de um mero órgão em in-orgânico, de mera carne em fôlego-sopro-espírito-elixir! Ou seja, da pesada física dos corpos ao volátil além escatológico.

"Por que procurar a sua glândula pineal, que não está aqui?" - eu diria, então, ao senhor Descartes. "É aqui, no canto, na úvula, dentro da voz, que se solda a matéria, a *res extensa* com a *res cogitans*. É aqui que o espírito, o pensamento, a abstração, faz liga com os corpos, os tempos, as coisas, os lugares!"

Movimento centrípeto e centrífugo ao mesmo tempo, paroxismo no grau incandescente zero, cantar pode fazer de uma simples estrofe, ou de um refrão, a interminável epopeia do mundo, e vice-versa; ou criar, quando urge, um idioma restrito e local, quase intraduzível para outras ou em outras línguas, quase o esperanto ritmável da imensa *Anima Mundi*, contanto que saibamos, convictos, que o ato de mover as cordas em uma nota não é fim em si mesmo e, necessariamente, não mira apenas na direção do belo e do prazeroso.

Enfim, cantar não é o "bel canto", assim como viver não corresponde (também e forçosamente) sempre a uma vida maravilhosa!

Cantar é, talvez, outra maneira (linda ou feia, linda e feia) de tentar estar no mundo.

Com ou sem frases.

Com ou sem termos e conceitos.

Com ou sem música e instrumentos.

Com palavras, com frases, com termos e conceitos, em geral a alma encobre-se, esconde-se.

Cantando, ao contrário, está nua.

Faz uma espécie de *striptease*.

Lentamente ou com pressa, morosamente ou como um raio, revelar-se num *striptease*!

Tradução do italiano de Ana Maria Chiarini

ANIVERSÁRIO

de Enzo Moscato

Aniversário (título original *Compleanno*) é um texto teatral de Enzo Moscato escrito e encenado pela primeira vez em Nápoles em 1986. A peça representa uma homenagem póstuma dedicada ao amigo e colega Annibale Ruccello, morto tragicamente em um acidente de carro aos 30 anos de idade, em 12 de setembro de 1986. O jovem dramaturgo, junto com Enzo Moscato, é considerado um dos fundadores da Nova Dramaturgia Napolitana.

Enzo Moscato é dramaturgo, poeta, diretor, *chansonnier* e ator. Nascido em Nápoles, em 1948, formou-se em Filosofia na Universidade Federico II. É autor de cerca 50 dramaturgias originais, consagradas por vários prêmios na Itália e no exterior. Os seus textos foram traduzidos para o alemão, o espanhol, o francês, o tcheco e o português.

Um quarto muito simples, com uma mesa, duas cadeiras, um cabideiro vertical. As cadeiras são posicionadas uma à frente da outra, como para sugerir um diálogo. A mesa, por sua vez, parece arrumada para uma confraternização íntima entre amigos. Em cima da mesa encontram-se rosas vermelhas, presas em um pequeno buquê colocado em sentido horizontal, ao lado, uma garrafa de espumante barato, já aberta, e uma taça de cristal. Ao lado da taça, porém em um canto da mesa, que a luz toca apenas levemente, exibem-se uma tiara, um par de brincos de diamantes falsos e uma arma enrolada em um pedaço de pano. A ação poderia ser atemporal, mas por conotações emotivas melhor seria trazê-la para os dias atuais. Num escuro quase total, entra o Personagem cantando, de forma quebrada e "muito pessoal", a famosa nênia "Happy Birthday to you". Leva nas mãos uma bandeja transbordante de velas, algumas acesas, outras não. Na bandeja há algo de mole e vacilante, que deveria remeter a uma torta ou um bolo de aniversário. O personagem veste um amplo quimono vermelho, está descalço, leva uma fitinha prateada apertada em torno da cabeça.

O PERSONAGEM

(*Com voz nada melodiosa, mas, sim, rouca e arrastada*)

Parabéns, fraulè, parabéns, fraulè, parabéns, fraulèèèè... Parabéns, fraulè!!!

(*Apoia devagar a bandeja na mesa, vira o rosto na direção de um canto do quarto, com uma careta entre o cômico e o insinuante*)

Inês? Inês?
Mas como se fala "senhorita" em alemão, fraulè ou froilai?

(*Parece por um momento escutar uma voz insistente ao seu lado, e então, sacudindo a cabeça*)

Ah! Fraulein, fraulein, entendi! Então... "Parabéns, fraulein!"
E vamos logo, vem cá, que as velas se apagam! Temos que fazer um brinde, temos que comemorar!

(*Com voz misteriosa*)

Sabe de quem é o aniversário hoje? Sabe de quem é? Quem é?

(*Sacudindo a cabeça*)

Não! Você não sabe, não pode saber!

E sabe, afinal, por que antes perguntei como se falava "senhorita" em alemão?

Não! Você não sabe, nem isso cê pode saber!

(*Indo, rapidamente, em direção de uma das duas cadeiras colocadas como que para um diálogo*)

Mas não tem importância, vem cá, vem comigo, eu já lhe conto tudo, eu já explico o porquê!

(*Senta-se e começa a falar com um tom vaidoso*)

Então, lhe perguntei porque, no próximo episódio, a protagonista do meu último romance, Cartesiana, vai falar também alemão! Sim, senhor! Alemão puro, puríssimo da Baviera! Ela vai dizer... Katzen: gatos, schlafen: dormir, Kartoffeln: batatas... e ... 'Darf'ich in Haus, gennetiche Frau? – Quer dizer – : "Posso sair um instantinho, minha patroa?" E ainda: 'Schreiben zaff, aufertaff, bitte! – Quer dizer – : "Vamos logo, depressa, não fiquem enrolando, façam-me o favor!"

(*Nada perplexo ou duvidoso em relação ao seu nada provável alemão, continuando com tom pavoneante*)

Claro, agora cê podia dizer: "E como foi que a sua protagonista Cartesiana, lá da Espanha onde você deixou ela, de repente, assim, do nada, começou a falar até alemão?! E, aí, sem mais nem menos cê manda ela pra Alemanha, logo pra Frankfurt?"

(*Com afetuosa e afetada repreensão*)

Bem, querida Inês, cê não devia mesmo fazer essas perguntas pra mim!

Nem é do seu estilo fazer perguntas tão bobas!

Nem por que mando ela pra Alemanha, logo pra Frankfurt e não, sei lá, pra outro lugar do tipo da África, Mogadíscio, Timbuctu.

(*Refletindo um pouco*)

Santo Deus! Faço isso porque é assim que a minha escrita decreta e manda! Assim exigem os mecanismos do meu imaginário; o labirinto da minha *type-writer*! E então *la race maudite, ma jolie*! *La race maudite*!... como disse também Marcel Proust, arrematando a sua sufocante *recherche*...

"*Tous les écrivains maudits, font la geografie excentrique*...".

But how many things must you know, Inês, sua abelhuda, não é não?

(*O personagem se congela, repentinamente; pausa longa, então, virando o olhar misteriosamente em volta do quarto, como se estivesse procurando alguma coisa, com um fio de voz trêmula*)

Russiné, Russiné, Russiné?

(*Cliques da língua sob o palato*)

Russiné, Russiné, Russiné?

(*Cliques da língua sob o palato*)

Sabe quem faz aniversário hoje? Sabe quem é? Quem é? Russiné, Russiné, Russiné?

(*Cliques da língua sob o palato*)

Russiné, Russiné, Russiné?

(*Cliques da língua sob o palato*)

Sabe de quem é o aniversário hoje? Sabe de quem é? Quem é?

(*Batendo ambas as palmas das mãos sobre os joelhos*)

Sant'Antônio, Sant'Antônio, leva o velho, dá-me o novo, dá-me o novo mui forte, como cabeça de morte!

(*Cantarolando*)

"Papai, papai, papai, aperta-me forte e não me soltes, pela pluma do pássaro grifo meu irmão foi um traidor, me matou e me degolou, e no fundo do bosque me enterrou..."

(Levanta-se, repentinamente, olha aterrorizado em direção à plateia, tentando segurar o rosto na penumbra, quase ofendido ao ser surpreendido pela luz na sua intimidade delirante)

Quem são? O que querem vocês?!
A gata? Que gata? Não entrou nenhuma gata aqui!
Uma vez, tinha um rato, mas nós... o degolamos!
Aliás, degolou-se ele sozinho, com as próprias mãos!
Os ratos sempre se matam sozinhos, sabem? Eles não precisam de uma gata pra se matar, nem mesmo de rosas, nem das envenenadas...

(Senta-se, devagar, de novo e com tom seguro)

Esta é que é a importância do maníaco na miserável existência de vocês. E quando digo maníaco, digo maníaco mesmo e pronto. Não precisa de cigana para entender o que quer dizer maníaco.

Porque é aqui que está a ignorância de todos vocês, viu? É aqui que ela está, e vamos admitir, com toda sinceridade, os maníacos... cês não merecem. Neste mundo, o que não se entende nem gosta, ó, ninguém merece.

Me digam vocês aí, então, desde quando não veem o Pãozinho?

Não precisa rir tão alto assim, né, que, rindo assim, a boca pode chegar lá pra atrás das orelhas e nós, no momento, não estamos precisando de... Medusas, cofrinhos, mealheiros.

Não, senhor. Pãozinho não é amiga minha, não!

Pãozinho é o melhor dos maníacos que existe por aqui no raio de 250 quilômetros. Todos esperam encontrá-lo pelo menos uma vez na vida. Porque os maníacos, pois é, de certo modo, são todos iguais. Por um lado, né? Mas por outro, é, são diferentes. Este, por exemplo, Pãozinho, é maníaco, sim, mas não da forma que cê imagina. É maníaco, mas diferente. Quer dizer, todas as coisas, as mais absurdas, ele quer fazer.

Então, antes de tudo, ele paga bem. Aliás, super bem. Três.

Não, não... Não três com quatro zeros, três com cinco zeros. Todos eles redondinhos, bonitinhos, como os ovinhos pequeninhos, sequinhos, fresquinhos da bundinha da galinha Trique-traque. É! Mas se você encontrar com ele, não deve dizer nada pra ele. Nada das coisas de sempre. De que tipo? Ah... "Oi, meu amor, oi, *chéri*, então, meu bem, vamos? Vou te levar à loucura...".

Não, não, nada disso, senão ele pega e vai embora. Como por encanto: desaparece. E vai, se vira e... vaza, porque ele não é de falar. Não. Só abre a porta do carro pra você entrar. Daí... um pouquinho, certo como a morte, desde que cê fique calada, como eu sugiro pra você, daí um pouquinho, ele pergunta pelo quarto. E então você, por isso, já pode começar a sacar alguma coisa e dizer dentro de você: "Nossa, talvez seja mesmo Pãozinho. Nuh, talvez seja mesmo ele. Ah! Então agora posso morrer feliz, ah! Agora posso finalmente dizer que, por uma vez na minha vida, fui realmente sortuda... Ah! Pãozinho, Pãozim.

(*Pausa*)

Mas pra que pedir os documentos dele? Pra quê? Isso aí é café *fake*, de cevada misturada com alfarroba, o importante é sentir dentro de você que é ele, lá no íntimo, você é quem tem de saber. Num susto. Vai sentir um movimento. Igual grávida quando sente o bebê mexer dentro de você pela primeira vez.

Depois disso, lá em cima no quarto, ele manda você tirar a roupa.

E você vai tirar. Devagar, se despetalando toda, e sem correr, como cês costumam fazer pra se livrar dos problemas; porque cês, na pressa, são mestres em queimar as situações mais românticas, e claramente, mais delicadas...

E então, a essa altura, ele faz o quê? O quê? O quê? Se planta no meio do quarto, pernas abertas, mãos nos quadris, rosto petrificado, como Mussolini no balcão, ele dá a primeira ordem: "E *cevotrequente* e *paparaquió*, e *paparaquió* e *cevotrequente*; tome banho de bidê, aqui, na minha frente!" Aí cê pergunta: na frente dele?! É, na frente dele... Eu respondo. Então, você sem esmorecer, devagar, devagarinho, como se tivesse de ficar uma vida toda dentro do banheiro, e não só os dois ou três minutos de praxe... O que ele manda faça logo. Tira o vestido, as ligas, a meia-calça, os sapatos, as roupas que você usa por baixo: calcinha, sutiã, porta-liga, tapa-sexo, aí cê vai pelada pra bacia de esmalte branco lá no fundo. Chegou? Aí você se senta, e ele, certo como o dia do juízo, seguirá você, desejoso, excitado, se tocando em um certo lugarzinho, aquilo mesmo... cê entendeu, né?

Pois assim é com os maníacos. Assim. Assim é que tem que acontecer com eles, sempre. Porque assim relatam as crônicas fiéis daqueles – e não são muitos – que, por graça insondável de Deus, com os maníacos tiveram contato.

(*Levanta-se*)

"Os ratos, sim, os ratos, mas os gatos, não, os gatos cagam, mijam, peidam.
Os gatos são iguais à gente, são nojentos."

(*Cliques da língua sob o palato*)

Russiné, Russiné, Russiné?

(*De repente com ênfase*)

Sim, sim!
Dedico a Inês este canto!
A Inês, ao teatro lírico, às suas Bonecas.
E também aos aleijados, com uma fita de estrelas coroando a cabeça calva e descendo até a nuca.
E digo *in my heart forever*: Que o diamante sobre a flor de loto, após a morte, venha, e digo mais: "Oh, Senhor, para que nos fizestes nascer, senão para ser, absolutamente, divinos?" A sua cabeça é um ovoide perfeito e já os seus olhos são pétalas de fogo, os seus lábios têm a plenitude das mangas, e o arco das suas sobrancelhas lembra aquele de Krishna...

Oh, my lord, why, why, did he die so young, as soon as I say?

(Vai até a mesa, aproxima-se do bolo, tira de um dos bolsos do quimono uma caixinha de fósforos, soprando palavras incompreensíveis acende algumas outras velas, serve um pouco de espumante na taça, encosta-a aos lábios, reflete um instante, derrama o espumante no chão e quase com raiva volta à primeira cadeira, fixando a outra com um mudo rancor)

Pois bem, a minha Cartesiana se casou com o Cha-cha-chá, um como ela uma ex-operada em Casablanca. Depois de muitos anos de casamento, obviamente estéril, indicada por um conhecido que ela tinha, lá dentro de um tal "Banco de Sêmen" situado em Barcelona, aí, ela consegue, finalmente, ter uma filha, uma filha de proveta, um bebê *artificielle*, que ela chama nada menos que Spinoza! Mas não foi como você está pensando, por obrigação, respeito filosófico, por aquele grande homem que, como você sabe, era limpador de... lentes em Amsterdã, não, não! Chama a menina de Spinoza, porque essa criaturinha, era mesmo "espinhosa": hirsuta, difícil, um ouriço de fogo. Tudo o que a mãe e o pai faziam, nunca era bom pra ela. Ela murmurava e murmurava sempre! Enfim, pega a Spinoza, agarra Spinoza e, um dia, esta criatura do "Banco de Sêmen" onde ainda se encontrava trancada na incubadora – pra que crescesse saudável e forte – faz o quê? Ela pega, se embarca clandestina, num voo qualquer, e chega sem mais, nem menos, a *Cagliari*, em terras ultramarinas, na ilha de Sardenha, na ilha de Mussolini! Num lugar banditaço, de piratas. Nas suas intenções, essa criatura, essa pequetita, queria entrar numa companhia de teatro amadora, uma corporação de atorzinhos que tinha espetáculo em nada menos que *Puertas de Fuego*, na mais inacessível e ferina cordilheira da *Barbágia*. Ela queria entrar nessa companhia, porque essa criatura, essa pequetita, desde o dia que nasceu, sentiu uma coisa dentro de si, uma coisa como de atriz, quer dizer, uma coisa que ela, em qualquer lugar que se encontrasse, em qualquer situação, ela devia fazer, mais ou menos, sempre, o papel de prima-dona, sempre a "princezinha sobre a flor de ervilha", tinha que ser...

Entretanto, entretanto, por azar, ela erra de trem e, ao invés de chegar nessa *Puertas de Fuego*, vai e chega nada menos que em terras não italianas, quiçá catalãs, foi o que me disseram, numa aldeia chamada Fordongianusu, nas pré-históricas *Domus de Janus*, perto do vilarejo de *Alghero*, mais ou menos perto do maldito triângulo do sexo: Sardenha – Turim – Nápoles.

Ô, nessa *Alghero*, que os sacramentos nos protejam, acontecia uma famosa perseguição contra as bruxas, uma famosa perseguição contra todos os resíduos bio-genéticos, contra todos os enxertos infames, machos e fêmeas, operados pela ciência e rigorosamente condenados pela Igreja no seio do Concílio Ecumênico Vaticano Sexto, proclamado depois da batalha de *Tagliacozzo* e depois do processo de *Nuremberg*, se não me engano.

Spinoza, ó, que não falava sardo e mal conhecia aquelas duas ou três palavras de esperanto cibernético, dadas junto com papinhas naquele tal "Banco de Sêmen", quando foi levada à frente do juiz inquisitório de Lluesca, que, se você lembrar bem, Inês, já 20 ou 21 anos antes, tinha condenado sua mãe Cartesiana, com a desculpa de... revanchismo de cruzada neo-albigense e de ajuda subterrânea aos pobres lombardos e aos cátaros valdenses. No que pôde, ela tentou saber o porquê e o como de tanta cruzada, o como e o porquê de tamanha perseguição.

(Em um sardo completamente inventado, duríssimo)

Ma itta bbolisi, bagassa? Das nau! – O inquisitor lhe respondeu grosseiramente:

– *Ma ba-ba che scisi callonisi! Ma ssudra scisi? Bamba? Erettica!* Na fogueira, deve se acabar! *Is abbrusciasa, is abbrusciasa! Ribeni a su continente, abi keres a coddari a Salonicco! Scimpra, intesu hasa?*

E a internaram, com a desculpa dela ter síndrome de Mata-Hari, aí... que nem "Um estranho no ninho", entre o poço e o pêndulo, com a única companhia do Abade Faria.

(Após um instante de perplexidade, entreolhando a cadeira muda)

É ruim mesmo este texto, não é verdade, Inês?

(Longa pausa, depois, virando de novo o olhar misterioso em volta do quarto, com um fio de voz...)

Russiné, Russiné, Russiné?

(Cliques da língua sob o palato)

Russiné, Russiné, Russiné?

(Cliques da língua sob o palato)

Sabe quem faz aniversário hoje? Sabe quem é? quem é?
Russiné, Russiné, Russiné?

(Cliques da língua sob o palato)

Russiné, Russiné, Russiné?

(Cliques da língua sob o palato)

Sabe quem faz aniversário hoje? Sabe quem é? quem é?

(Batendo as palmas das mãos sobre os joelhos)

Sant'Antônio, Sant'Antônio, leva o velho, dá-me o novo, dá-me o novo mui forte, como cabeça de morte...!

(Levanta-se da cadeira, vira as costas ao público, dirigindo-se a uma das paredes chama...)

Inês? Inês?

Cê lembra? Como dizia aquela velha louca de Pozzuoli?

"A boceta fede!"

"Fuleco, eu vou subindo, tchau!"

"Que horas são da noite, que horas são da noite, que horas são da noite?"

"Pronto, Franco, é você? Pronto, Franco, é você?

Pronto, Franco, é você?"

"Vós tendes, Dom Catelli, a fome antiga de toda a miséria da sua raça de sete gerações! Mas veja os nobres, estamos cheios, empanzinados de comida, de riqueza, de luxos, tanto que explodimos!"

(Sussurra uma velha cantilena napolitana)

O palácio, o palácio Ammennola, você vai se pendurar. O palácio, o palácio Ammennola, você vai se pendurar, pra mim!

Não, esta outra aqui! Desta outra você gostava muito! Me lembro como fosse agora...

(Levantando, harmoniosamente, os braços para o alto)

Suzy Wuong, Suzy Wuong... Este é o mundo de Suzy Wuong...

(Abraçando o próprio corpo à maneira de uma criança perdida, abandonada)

"Papai, papai, papai,
aperta-me forte e não me soltes,
pela pluma do pássaro grifo meu irmão foi um traidor,
me matou e me degolou,
e no fundo do bosque me enterrou...
Mamã, mamã, Mamãe aperta-me forte e não me soltes,
pela pluma do pássaro grifo meu irmão foi um traidor,
me matou e me degolou,
e no fundo do bosque me enterrou..."

(Na atmosfera etérea dessa cena o personagem retoma a invocação a Inês)

Inês?... Inês?... Inês?...

Écoute! *Écoute, mon ami*, esse é um trecho do meu próximo romance! Título: "O bordel da Dona Zina".

"O bordel da Dona Zina".

O bordel da Dona Zina, no beco Lungo Gelso nos Quartieri, já naquela época, era muito, muitíssimo frequentado. Tanto pela clientela, todos executivos, quanto pelas "mocinhas" que trabalhavam lá.

Inclusive eu, por que não? Por que devia ficar de fora? A Patroa, ainda que napolitaníssima, a *Maîtresse*, se fazia chamar de Madame, e de vez em quando, a cada seis meses, ela ia pra Paris, assim, duas vezes por ano, como fosse de peregrinação.

Ela ia para pegar os modelitos, dizia, para buscar os figurinos dos vestidos novos, na moda por lá criados.

Mas nós sabíamos que ela ia pra Paris, pra se informar sobre toda uma outra coisa, as coisas do "ofício", *cocotterie*, novas posições do amor, "Kallisudro", né? – se fala assim – pra depois ensinar pra nós, lá no bordel.

Aliás, a gente nem era a gente mesmo, só tinha apelido, tipo: Consuelo, Sofia, Susetta Blondy, e todas loiras... oxigenadas, na maioria, ou acajupiranha pintado de hena!

Também nas axilas, nos "pelos" – o púbis, as pudendas – se quiser falar comportado.

Na verdade, Madame não tratava a gente mal, não, pelo menos com o cardápio: ao meio-dia pão, mas sempre com alguma coisa dentro. Tipo assim: mortadela, queijo, uma fatia de salaminho, uma lasca de parmesão, miudinha, miudinha, mas parmesão de verdade!

À noite, às dez e meia, no fim do expediente, dava uma jantinha: caldo, macarrãozinho, *rigatoni* quebrado, queijo e ovos, *penne* com massa de tomate, salada de batatas e abobrinhas. Enfim, comida vitaminada. Pobrezinha como as coisas que preparam as monjas francesas. Molho ralinho, aguado, porém temperado e de respeito. Apetitoso... às vezes. O problema maior lá, no final das contas, não era a comida. O problema maior eram os quartos. Aqueles quartinhos – sete – pequenos e apertados, como um dedal, uma cabecinha de alfinete, onde a gente se amontoava com dificuldade.

As camas, então, Madame as chamava *soumiers* ou *couchoirs*, dependendo se se tratava de uma coisa lícita, natural – digamos assim – com o cliente, ou não; se precisava fazer alguma *cochonnerie*, alguma delícia de safadeza indiana, alguma embrulhada, que apenas ela conhecia e que nomeava com a "língua" de Paris. Então, endireitada, rigorosa, pausadamente, se aproximava do ouvido de uma e: "Consuê! – recomendava – Sofí! O cliente, aqui, está querendo 'a tesoura' ou 'a pinça' ou *la chose injection retrale... Tu te souviens de ça? Oui? As tu compris? La chose injection retrale... Tu te souviens de ça? Oui? As tu compris? la chose injection retrale*". Vai entender, vai?! Ainda assim tinha que se *comprí*, se *souvení*. E se entendia, se lembrava, mais ou menos. Se concluía tudo.

O problema maior, no final das contas, eram os quartos. Aqueles quartinhos – sete – pequenos e apertados, como um dedal, uma cabecinha de alfinete. Câmaras frigoríficas, geladas no inverno, caldeirões tórridos no verão. E já que, pelo nosso ofício, todas nós, até no inverno, tínhamos que usar pouca roupa, então, todas preferíamos o inverno ao verão, porque... porque pelo menos tinha alguma coisa a mais por cima, no inverno, se fazia frio, cê podia usar, mas, no verão, se tava quente, abrasador, o que é que cê podia tirar? A sua própria pele? O que você podia tirar?

Só que, sempre, entrava música naquelas celas de freiras. Música de todos os tipos, que chegava de fora, de baixo, de cima, dos térreos, das janelas, das varandas.

Entrava por todos os cantos, como um espírito de duende, pelos buracos das fechaduras, arremates dos umbrais, por baixo das trancas.

Entrava e se esparramava como um espiritozinho invisível, mas carnal, sobre as camas bagunçadas, junto da gente, do outro, fechadas ou abertas, como queria ou como dizia Madame. Aquele dia ou aquela meia hora, se insinuava até nas feridas lá de baixo, aquela música, pairava, doce-doce, sobre o ventre, sob o tule das camisolas, sobre o macramê das calcinhas, entre as rendas, entre as ligas, entre as meia-calças de seda, rosa *chantilly*... Ah, que alívio! Que alívio, Nossa Senhora das Dores! Que alívio! Era como uma pomada aquela música. Uma pitada de sulfadiazina de prata sobre as queimaduras. Azeite batido com vinagre, sei lá!? E então, passando, – de leve, de leve, leve, com o dedo sobre os lábios, sobre a boca, para amaciar, para tirar a secura, o cansaço, o cansaço de sempre...

Porque a Suíte de Toledo, para quem não sabe, é a música dos cegos e das feridas. Mais amarga que doce, sai de dentro pra fora e faz arrepiar, faz lembrar, faz chorar, logo quando você está trabalhando e não devia pensar em nada, nem devia ter sentimentos. Em Toledo, a música é dos miseráveis, dos mendigos, de quem se acabou na vida de esmola, com a mão estendida em cada esquina, os pobres, sozinhos, envergonhados.

Em Toledo, a música é companheira das facas, irmã dos relâmpagos. Rasteja pela calçada, febre maligna, que ataca os distraídos, os injuriados, os perdidos, todos, todos mesmo, os mais baixos, os vagabundos... Verdade é que Madame, assim que escutava aquela música, acabava com tudo: logo levantava a persiana, chegava à sacada e o encanto se quebrava. "*Cette musique! Cette musique!* – gritava pela ruazinha, batendo palmas – *Cette musique là-bas! Mes petites filles dorment! Mes petites filles reposent! Cessez de sonner cet horrible dechirement! J'ai mal à ma tête, parbleu! J'ai mal à ma tête! Mes petites filles dorment! Mes petites filles sont à coucher!*".

Seh! Que nada! Pra nós *petites filles,* pelo contrário, pra nós *petites filles,* era a única oportunidade que a gente tinha pra dormir, pra descansar de verdade, era com aquela música, com aquela abençoada sirene do meio dia! Além do mais, os clientes nem reparavam que a gente, por um momento, perdia os sentidos. Que, por um momento, aquelas pernas, aqueles braços, aqueles ventres estavam em outro lugar.

Em cima dos "*soumiers*" ou em cima dos "*couchoirs*" – *pas à complir la chose injection retrale* – que dizer? Quiçá, num concerto, numa festinha de noiva, numa confusão de festa de praça, com todas as luzes acesas, "o asno de fogos" e os sinos, no meio das nuvens, incendiado!

Mah! E quem podia dizer que logo a música é que ia acabar com tudo, um dia, com todo aquele incrível bordel?! Que logo as notas – como se diz – das novas canções americanas da moda iam sumir com a gente, como que por encanto, de dentro daquelas celas de freiras em pecado?!

Ora, aquelas altas almas de marinheiros e de negros dançavam também quando estavam conosco, também quando faziam amor... Imagina então, o que aconteceu, quando inauguraram boates, quando abriram os botequins lá pras bandas do castelo lá em baixo, no porto! Cada um de nós deixou o "trabalho" para ir cantar, cada um de nós não foi mais puta, mas sim *scianteuse*, não foi mais chamada de "mundana", mas de "*kuty-senhorita-swing*"!

E assim, cantava Sofia, cantava Consuelo, cantava Sussett' Blondy. Então, à noite, de madrugada, toda esta "Ópera de Pequim", toda essa banda de Filarmônica, esquecida nas ruazinhas de Toledo, subia e descia, arruaçando de braço dado com os capitães, com os coronéis, coração com coração com os oficiais, *black* ou *white*, do Exército Americano... subia e descia a rua escura do Lungo Gelso, a rua da Senhora, da Madame, da *Maîtresse*, da francesa do "Amor"... o bordel, lá em cima, aqueles quartos, agora vazios, sem luzes penduradas... assombrado, deserto, como um convento em que faltavam apenas os santos nas paredes... Gorjeavam amargamente, ao ouvi-las..., pássaros enfermos, pintados à mão, de mentira, pareciam... Gorjeavam assim, apenas para fazer alguma coisa, para não chorar, talvez, ou para quem sabe... sem vontade de paixão, sem vontade de trabalho, sem vontade de mais nada.

(*Começa uma música, sobre a qual o personagem executa um grotesco strip-tease*)

Ah... Se é arte denudar-se, arte sutil, jogo de enganos...
Carece fazê-lo com igual habilidade...
Co'a mesma maestria de um mago ou de um feiticeiro!
E eu, faço isso. Sempre o fiz...

Como se verdadeiro fosse... autêntico...
And now begins the big strip-tease, my gentlmen and my ladies!
E agora começa o grande espetáculo, senhores e senhoras.
These are my hands, these are my knees!
Essas são minhas mãos, esses os meus joelhos.
I may be skin and bones, I may be bodyless!
Posso ser pele e ossos, sem corpo até, posso ser.
Anyway, I'm always the same, the identical woman!

(Em seguida, vai até a mesa, acende alguma outra vela, pega o buquê das rosas, desamarra, e uma por uma, esparrama-as no chão com leves passos de dança. De repente, volta até a cadeira retomando aquela expressão hostil de cara fechada, de negligência, de forçada conversação...)

Aconteceu "o incêndio no olival" e veio também a famosa escritora Grazia Deledda, junto com os bombeiros para apagá-lo. Chega! Como foi ou como não foi, Spinoza jogada no mar, dentro de um saco, pelo Abade Faria, conseguiu, finalmente, fugir com um grupo de turcos cipriotas, veteranos de um filme de Fassbinder, primeiro num barco-motor com placa da cidade de Livorno, e, depois, num cargueiro, pra chegar finalmente a Nápoles, bem em cima da ladeira de *Pizzofalcone, Palazzo Serra di Cassano, "École des hautes études philosophiques"*, onde foi entretida por muito tempo com as ambíguas relações entre o parto andrógino e a

República de Platão, pelo insigne estudioso cético Luciano de Samósata, de Materdei, autor cinematográfico. "Mas o que este Marcuse está procurando?" – retumbou o ilustre filósofo e se ajoelhou a mais de dois metros na frente da pequeníssima Spinoza – Eu acho que Salvatore di Giacomo e Matilde Serao tinham entendido acerca da "sublimação repressiva" no Sul da Itália! Você, menina – perguntou – opta pelo hedonismo de reaganiano da Lollobrigida ou pelo contexto sombrio de protesto de Sam Shepard?

Spinoza escutava ele de boca aberta, com toda sua ignorância, por causa da negligência das duas amostras biogenéticas da mãe e do pai, conseguiu apenas dizer: "Vá tomar no cu!" e cuspiu na cara dele... lembrando-se, apenas, *a posteriori*, coitadinha, que também a saliva contém o vírus do HIV e do sarcoma de Lineus!!!

Basta! Caminha, caminha, de carona tomada na estrada do sol, retoma a viagem e chega a *Ventimiglia* e de *Ventimiglia* a Estrasburgo e de Estrasburgo a Berlim Ocidental e de Berlim Ocidental, finalmente, a Frankfurt, onde ia encontrar um policial alemão bonitão, neto da terrorista Margareth von Trotta. Chegando aí, ela ia lhe mostrar que conhecia aquelas três ou quatro palavras de teutônico que lhe falei antes: ia dizer, pelo menos, *Katzen*: gatos; *Schlafen*: dormir; *Kartoffeln*: batatas; *Darf'ich in Haus, gennetiche Frau*?: como quem quer dizer: Posso sair um instantinho, minha senhora? "Vamos logo, depressa, não fiquem enrolando, façam-me o favor!"

(*Pausa longa, então, com um olhar* blasé, *misteriosamente, em volta do quarto, como se estivesse procurando alguma coisa, com um fio de voz trêmula*)

Russiné, Russiné, Russiné?

(*Cliques da língua sob o palato*)

Russiné, Russiné, Russiné?

(*Cliques da língua sob o palato*)

Sabe quem faz aniversário hoje? Sabe quem é? quem é?
Russiné, Russiné, Russiné?

(*Cliques da língua sob o palato*)

Russiné, Russiné, Russiné?

(*Cliques da língua sob o palato*)

Sabe quem faz aniversário hoje? Sabe quem é? quem é?

(Batendo as palmas das mãos sobre os joelhos)

Sant'Antônio, Sant'Antônio, leva o velho, dá-me o novo, dá-me o novo mui forte, como cabeça de morte...!

(Continua cantarolando)

"Papai, papai, papai, aperta-me forte e não me soltes, pela pluma do pássaro grifo meu irmão foi um traidor, me matou e me degolou, e no fundo do bosque me enterrou..."

(Levanta-se, repentinamente, olha aterrorizado em direção à plateia, metade do rosto na penumbra)

Quem são? O que 'cês querem? A gata? Que gata?
Não entrou nenhuma gata aqui!
Uma vez, tinha um rato, mas nós o degolamos!
Aliás, ele se degolou sozinho, com as próprias mãos! Os ratos sempre se matam sozinhos, sabe, eles não precisam de uma gata para se matar, menos ainda de rosas, nem das envenenadas...

(Senta-se de novo e retoma o conto do maníaco)

Assim é com os maníacos. Assim. Assim deve acontecer com eles, sempre. Porque assim é que relatam as crônicas fiéis daqueles – e não são muitos – que com os maníacos, por graça imperscrutável de Deus, tiveram contato.

Então, como lhe dizia, ele irá atrás de você, libidinoso, até o bidê de esmalte branco, lá no fundo. Bonita porcelana de Capemonte, com relevo *di biscuit*, ele a seguirá perturbado, excitado, tarado, se tocando em um certo lugarzinho, claro, sempre aquele lá... me entenda bem... !

Não! Deixa para lá! Deixa para lá essas bobagens! Vamos dar tempo ao tempo, digna dona das dívidas com Deus. Então, ele irá atrás de você, e você logo, percebendo que ele vem, abre de supetão a torneira, deixa correr a cascata de água quente, misturada com um pouco de água fria. Experimenta com o dedo se a água tá boa e se senta, vá com toda a bunda dentro da água e então enxágue, enxágue, enxágue, de baixo e pra cima, e ainda *squacchie, squacchie, squacchie,* de baixo pra cima, de cima e pra baixo, devagar, porém com sabedoria, com maestria, com pose, você irá fazê-lo, quase como se estivesse gravando um filme, que mais posso lhe dizer? Uma atuação qualquer. Como se você fosse Alida Valli, Clara Calamari, Mirna Loy. Divas do malicioso cinema mudo, estrelas de poucas palavras, mas de grande força comunicativa...

Chegando a esse ponto, ele, como se fosse o Dux Mussolini, com uma voz que retumba e intimida, lhe dará sua segunda encomenda: "Vá, procura-me um pãozinho, estou com fome". Eh! É aqui que tá o difícil. Aqui você deve demonstrar que sabe, que é esperta, que sabe medir a água e o fubá, e medirá, de fato, se levantando, após a sua ordem, e balançando como uma rainha o seu estrondoso bumbum. Não, nada disso. Cê não entendeu nada. Nem o cacete, tá. O que tem a ver a Senhora Clotilde com a manteiga? Que tem a ver a padeira na esquina com os vícios sadomasoquistas do cliente?

Não, senhor, você não deve ir a lugar nenhum. Não te mexas, fica quietinha. O pãozinho, aquele que ele quer, cê deve sempre tê-lo consigo, sempre consigo na sua bolsinha. E deve cheirar pó de arroz, Coty, lavanda Coldinava, porque senão ele vai desdenhar você e vai embora, aborrecido com a sua incompetência, com a sua banalidade. Pãozinho quer que você, este pedaço de pão, o tire fora na frente dele e que cê diga: "Tome. Coma. Coma. Satisfaça-se, empanturre-se, devasso cobiçoso meu". Exatamente assim você deve falar:

Devasso, cobiçoso meu. Exatamente essas três palavras. Essas mesmas. Consequentemente, você pensa que ele quer comer, que ele quer se fazer farto e cheinho, que ele quer se engordar com o seu, não é não? Nãaaao! Um pãozinho deve ser, uma coisa *mignon*. Não se trata de um filão de pão, não! O importante é que você o leve sempre consigo, dentro da bolsinha, no caso de você o encontrar, no caso de você ser sortuda. E então, ele, naquele momento, faz o quê? Faz o quê? Como um louco descontrolado, eis que o maníaco, eis que ele vai agarrá-la pelo pescoço, pegá-la pela garganta e arrastá-la até o bidê, e, como uma que não vê comida há meses e meses, pega você e obriga a tomar e engolir a água suja com que se lavou antes, com todas as migalhas e os restos de pão dentro dela.

Molhe e coma e molhe e coma e molhe e coma até que, meu bem, tudo acabe, tudo, até a última molécula, até a última extrema pontinha de água suja de merda e de esperma condensada.

E então você, com a baba que lhe desce para cá e para lá, com os bocados gotejando, pretos, infectos, regurgitados, finalmente, você pode sossegar dentro da privada, por mão alheia, sob a glória da descarga, agradecendo ainda quem lhe faz isso, por tê-la salvado, de graça, do pecado mortal do suicídio. Já que aquela que levamos é mesmo uma vida do porrete, então... louvor a Quem nos escuta e às mentiras que Lhe podemos contar!

Eis, eis *mon amour*, a importância do maníaco na sua, na minha, nas nossas, nas anônimas existências dos miseráveis!

(*Levantando-se após uma breve pausa*)

"Os ratos, sim, os ratos, mas os gatos, não, os gatos cagam, mijam, peidam. Os gatos são iguais a gente, são nojentos!"

(*Cliques da língua sob o palato*)

Russiné, Russiné, Russiné?

(*De repente com ênfase*)

Dedico a Inês, este canto!

A Inês, ao teatro lírico, às suas Bonecas.

E também aos aleijados, com uma fita de estrelas coroando a cabeça calva e descendo até a nuca. E digo *in my heart forever*: "Que após a morte venha o diamante sobre a flor de loto", e ainda digo: "Oh, Senhor, para que nos fizestes nascer, senão para ser, absolutamente, divinos?"

A cabeça dele já é um ovoide perfeito, os seus olhos são pétalas de fogo, os seus lábios têm a plenitude das mangas, e o arco das suas sobrancelhas lembra aquele de Krishna...

Oh, my lord, why, why, did he die so young, as soon as I say?

(Com passos leves de dança vai até a mesa, acende algumas outras velas, serve mais um pouco de espumante na taça, encosta-a aos lábios e, subitamente, derrama no chão. Coloca a taça na mesa, pega a falsa tiara e os brincos e os veste. Pega a arma, olha-a, por um instante, de forma intensa, depois subitamente enfia-a na própria boca e fica nessa posição por alguns segundos, imóvel, talvez degustando a violenta ficção de morte. Depois a coloca na mesa. Posiciona-se atrás da mesa, gira o olhar em volta do quarto)

"Os seus, não! Os gatos da Dona Tavernini não fedem. Comem sabonetes e tomam água de colônia e não fedem. Claro que a cozinha em comum é chato mesmo..."

(Depois de novo com voz indefinida, arcana)

Inês? Inês?

Mas como mesmo você disse que se falava "senhorita" em alemão? *Fraulè* ou *froilai*?

(Parece escutar a insistente voz por um instante)

Ah! *Fraulein, fraulein,* entendi! Então... "Parabéns, *fraulein*!" E vamos logo, vem cá, que as velas se apagam! Temos que fazer um brinde, temos que comemorar!

Sabe de quem é o aniversário hoje? Sabe de quem é? Quem é?

(Levanta a pesada bandeja dirigindo-se para o fundo da cena. As chamas das velas oscilam com suas incertas mudanças de respiro e de entonação)

Sabe de quem é aniversário hoje? Sabe de quem é? Quem é?
Sabe de quem é aniversário hoje? Sabe de quem é? Quem é?
Sabe de quem é o aniversário hoje? Sabe de quem é? Quem é?

(Assim, até desaparecer no pano de fundo)

Cortina

Tradução de Anita Mosca
Direção de tradução: Tereza Virgínia R. Barbosa
Assistente de direção de tradução: Manuela Barbosa

HILDA PEÑA – HILDA PENHA

de Isidora Stevenson

Hilda Peña, de Isidora Stevenson e dirigida por Aliocha de la Sotta, foi ganhadora na *XVI Muestra de dramaturgia Nacional de 2013* e estreou em 2014 no Chile. Em *Hilda Peña* ("penha" ou "penhasco", em português), a única voz que escutamos é a da mãe, que nos relata seu encontro, além da morte, com um menor abandonado que adotará, amará, verá morrer sem entender o porquê de sua morte. Um fato real é retomado: o tiroteio entre a polícia e os guerrilheiros após o assalto, de 1990, ao *Banco O'Higgins del Faro Apoquindo*, perpetrado pelo *Movimiento Juvenil Lautaro* em "democracia". O episódio deixou mortos e feridos que convocaram e seguem convocando uma reflexão sobre a violência e a justiça. Nesta obra, essa reflexão realiza-se filtrada pelo olhar de uma mãe que perde seu filho.

Sinopse

Natal. Anos 90.

Um grande assalto ao Banco O'Higgins do Faro de Apoquindo[1] termina com oito mortos. Um deles é o filho de Hilda Penha.

Daí em diante, tudo é dor.

A obra apresenta-se como o relato delirante, a lembrança desesperada de uma mulher que não suporta a ideia de separar-se de seu filho morto.

1 Referência ao massacre ocorrido em outubro de 1993 depois do assalto ao Banco O'Higgins, realizado pelos membros do grupo de esquerda Movimento Juvenil Lautaro (MJL), em Santiago do Chile.

I.

Não. Espera.
(Limpa a boca)
Não sei como começar.
Esqueci como era.
(Fecha os olhos)
Estou em um lago.
Estou em um lago verde. É tão verde que não parece de água.
(Pausa)
Está chovendo, mas sem nuvens e sem frio.
Não sei de onde vem a chuva, mas não penso nisso no sonho.
Eu sei que estou no sul. Não conheço o sul, mas no sonho eu sei que é o sul.
Eu não sei nadar, mas no sonho eu sei.
Entro pelada na água.
A água não está fria.
É lindo.
Me jogo assim para trás e a chuva cai no meu rosto.
A água é tão verde que não vejo meus pés.
Isso me dá medo.
Isso de não ver os pés é estranho.
Os pés são os pés, eles têm que ser vistos.
Isso me dá medo no sonho.
Também na vida.
(Pausa)

Já contei esse sonho antes para alguém. Essa pessoa disse que tem um lago verde.
Que fica no sul. "Não sei o quê lá" dos Santos.
Nunca tinha escutado. Nunca nem ouvi falar.
Estou flutuando na água verde e no lago começam a flutuar sacolas de plástico.
Eu olho e elas me dão vontade de vomitar.
Mais que um sonho, começa a ser um pesadelo.
Sei que as sacolas não dão medo na vida. Mas lá, sim.
Não sei de onde saem, mas são muitas, todas iguais.
Milhares de sacolas se movem no lago como águas-vivas.
Não quero que me toquem.
E me lembro que tenho que encontrar uma sacola.
Eu começo a procurar, mas são todas iguais.
Eu encosto nelas e me dá medo. Mais medo do que não ver meus pés.
Não sei.
Choro.
(Pausa)
Choro no lago verde e a chuva se confunde com meu pranto.
Como chorar no chuveiro.
Choro forte. Com barulho.
Acordo e paro de chorar.

II.

Tive a ideia de dizer pra eles experimentarem o que eu tinha comprado.
Faltava um dia para o Natal.
Não sei, tive essa ideia.
O tamanho dele eu sei, por isso vestiu muito bem.
Pra ela, eu comprei uma calça "P". Na minha opinião, ela é magra.
(Pausa)
Eu também sou magra, mas uso "M".
No dia seguinte eles iam trocar. Ficou pequena a calça.
Tinha que ser "M" também.
A jaqueta vestiu bem.
É que, se para o filho se compra jaqueta e calça, pra nora se compra jaqueta e calça. Não dá pra tratar diferente.
Eu nunca dei meias de presente de Natal. O Natal é o Natal.
O Natal não é como aniversário. É diferente.
(Pausa)
Ele tinha que resolver umas pendências primeiro.
Depois ia trocar a calça.
Estava esperando os dois pra almoçar.
Eu tinha comprado frango pra noite.
Por isso o almoço era só arroz com repolho.
(Pausa)
Sempre me dá vontade de rir quando digo "repolho". Não sei.

É como se o nome não fizesse sentido.
(Pausa)
Fazia calor.
Estava esperando os dois pra almoçar.
Na televisão disseram alguma coisa dos Lautaro[2].
O Faro de Apoquindo.
O Banco O'Higgins. Oito mortos.
Eu só estava escutando. Não olhava. Estava picando o repolho.
Dois policiais foram detidos no local por fazer uso indevido de suas armas de serviço, disse a voz do jornalista. Nesse momento eu olhei.
Não sei. Só olhei.
Não entendi.
(Pausa)
Jogada no chão do banco. Lá estava a sacola.
A mesma sacola com o mesmo papel da calça "P".
O que fazia jogada lá e não na mão dela?
Quantas sacolas assim existem no mundo?
Quantas com o mesmo papel?
(Pausa)
O Faro de Apoquindo. Nem sei qual ônibus vai pra lá.
(Pausa)
As pendências são resolvidas no centro. Não no Faro de Apoquindo.
Quando chegou a polícia expliquei que ele não tinha chegado.

2 Lautaro era um movimento de jovens de esquerda que acreditava na luta armada contra a ditadura de Pinochet e em prol do socialismo.

Disseram que sabiam disso.
Disse que ele não era do Lautaro.
Vinham por outra coisa, disseram. Pelo que houve no banco.
Não vieram buscá-lo.
Vieram pra me avisar.
Estavam no banco.
Os dois.
(Pausa)
A sacola no chão do banco era a sacola dela. Não existem duas sacolas iguais.
4 milhões foram roubados.
(Pausa)
Lautaro é um nome mapuche.
Apoquindo é uma palavra mapuche.
Apumanque[3] é outra palavra mapuche.
Não sei o que significam.

3 Shopping localizado na região metropolitana de Santiago do Chile.

III.

Eu... eu antes não era assim.
(Silêncio)
Eu era diferente antes.
Quer dizer, sempre fui magra. Sempre com todos os dentes.
Mas eu não comia as unhas.
Elas eram bonitas antes. Compridas.
Nos finais de semana eu passava esmalte pra sair.
(Silêncio)
A psicóloga do consultório me disse que eu tinha que fazer as minhas coisas, sair, me distrair.
Eu faço minhas coisas, sempre fiz.
Eu sou assim, não sei.
Eu me inscrevi na associação de moradores da vila.
Foi ideia da psicóloga sim.
Lá temos veterinários.
Oftalmologistas.
Eu tenho que usar óculos, disseram.
Não gosto, ficam jogados.
Me deram.
São bonitos, com armação dourada. Mas eu não gosto.
Ver tudo com um quadrado em volta é estranho. Não sei.
Fazem bingos.
Todos vão.

Às vezes, eu também vou.
(Silêncio)
Eu não tenho cachorro. Não gosto de animais. Eles me dão medo.
Uma vez fui em um dentista.
Não fui mais.
Às vezes, vai uma moça que ajuda a ler ou escrever.
Ensina o que a gente não sabe.
Eu sabia, mas, por falta de prática, fui esquecendo, fiquei desligada.
Às vezes eu esqueço o "h" de Penha e fica pena.
Eu só dou risada, não percebe que sou Penha.
Não sei, mas me dá vontade de rir.
Mas os números não me confundem. Deve ser porque eu tenho que fazer as notas fiscais no salão.
As notas são puro número.
Colocar a data. Escrever o valor.
Eu gosto dos números.
Não sei.
São pouquinhos e servem pra fazer muitos.
(Pausa)
Tudo aconteceu assim rápido.
Não me dei conta.
De repente fiquei assim.
Já não sei como ser diferente.
Eu antes não pensava em como eu era. Era, nada mais.
Estava sozinha e não me importava.

Fazia as minhas coisas e estando sozinha não pensava em ninguém mais.
(Pausa)
Eu nunca quis filhos, na verdade não me interessava, não sei.
Eu não gostava de bebezinhos.
Pega mal, mas é verdade.
Não é feio.
Quando eu dizia isso, as meninas do salão brigavam comigo.
O choro.
Não sei.
Não dá pra trabalhar.
O corpo fica assim diferente.
(Pausa)
Nem todos têm que nascer.
Pra quê? Gente não falta.
Muita gente. Muita fome.
(Pausa)
Eu também não tinha homem.
Tive.
Sim, eu antes não era assim.
Tive, mas se foi.
Levaram ele. Se foi. Não sei.
Nunca soube.
A gente não tinha casado. Também não economizava para ter uma casa. Só vivia.
Ele gostava de ir à feira. Era bom de juntar tralha.
Chorei no dia em que se foi. Depois não chorei nunca mais.

Joguei tudo que era dele fora.
É como se nunca tivesse existido.
Eu não reclamo.
Já tinha tido um homem.
Com um homem na vida já tá bom.
(Pausa)
Já não tive filhos e ponto final.
Em todo caso, não fiquei com pena.
Enfim, as meninas me convidavam para as festas nas suas casas, com suas famílias.
E eu lá.
Mais fácil assim.
Mais prático.
Elas com seus homens que tomam cerveja e com seus filhos que têm que tomar banho domingo à noite.
Elas com seus parentes que vão almoçar e não lavam a louça antes de ir embora.
Elas com trabalho no trabalho e trabalho em casa.
Elas com suas vidas e eu com a minha.
Às vezes, me diziam para eu procurar alguém.
Eu estava bem assim.
(Silêncio)
Em frente à prefeitura dormem uns meninos. Desses.
Quando comecei a trabalhar em frente à prefeitura, via eles todos os dias.
Foi quando o salão foi para a praça.
A galeria ficou ruim. Pouca gente.

Tem mais gente lá fora, disse a dona.
A dona alugou um lugar na praça. As meninas ficaram felizes.
Eu não.
A praça ficou feia assim. Sem árvores. Puro cimento.
Colocaram uma escultura.
Feia.
Não entendo o que é.
Não é uma coisa. É um negócio esquisito.
O salão está em frente à prefeitura.
A escultura feia está no meio da praça.
Não dá pra não olhar.
Sempre vejo esses meninos, e não me importam.
Pegou mal isso. Mas é a verdade.
Ou seja, eu olho, sinto pena e sigo.
Isso é não importar.
Importar é fazer alguma coisa.
Seguir em frente é não se importar.
Não sei.
(Pausa)
Eles dormem perto da prefeitura.
Não sei, esse me importou.
Eu ficava pensando nele. Sentia uma culpa. Não sei.
Aquele que andava com roupa suja.
Aquele que andava com cabelo sujo. Fedorento.
Tinha cheiro de cola às vezes. O topete sempre.
Às vezes, eu levava pão. Convidava pra um café.
E assim, aos poucos, foi acontecendo. Não sei.

Foi assim que aconteceu.
A gente não conversava muito.
Sentava pra tomar café e comer pão com alguma coisa.
Mortadela, ovo.
Algum tempo depois estava morando na minha casa.
(Pausa)
Não sei. Aconteceu.
Eu não tinha filho. Não tinha homem. Vivia sozinha.
Era minha casa.
É minha casa.
Primeiro, dormiu no chão. Em um cobertor.
Ele não queria dormir no sofá. Aqui tá bom, dizia.
As meninas me falavam pra não deixar.
Que podia acontecer alguma coisa.
Eu não tinha medo.
Que eu não conhecia ele antes. Elas me diziam.
De lá, se mudou para o sofá. Depois de um tempão. Ficou feliz.
Eu obrigava ele a tomar banho.
A vizinha me deu um colchonete.
Logo ele teve uma cama.
Consegui na feira.
E assim.
Não sei.
Parece estranho, mas foi assim que aconteceu.
A gente não achava nada estranho. Nem ele, nem eu.
No cômodo de trás fizemos um quarto.
Nunca tinha tido um quarto, me disse.

Começou a ir à escola.
Nunca tinha ido. Ele gostava.
Fazia as tarefas na sala.
Também não tinha ficha no médico.
Nunca falamos da sua família. Nada.
Eu não quis me meter. Se ele não queria falar, eu não ia perguntar.
Cada um com suas coisas.
Às vezes eu via ele triste, pensativo. Calado.
Me dava uma vontade de abraçar ele, de fazer um carinho.
Não fazia. Não conseguia.
Eu não me metia.
São suas coisas.
Nunca soube.
(Pausa)
Às vezes eu gostaria de saber. Mas não quero.
Não sei como.
Algumas vezes, pensando na sua família, não durmo.
Como será?
A quem eu poderia perguntar? Não conheço ninguém.
E me dá uma raiva.
Onde está esse corpo que pariu esse menino?
(Silêncio)
Levei ele no médico.
Estava fraco. Estava doente também.
Eu menti pro médico. Não quis que se sentisse humilhado.
Levei a culpa. Ele tinha vergonha, eu vi.

Engordou.
A gente tomava café e via televisão quando eu chegava em casa.
Eu trazia mortadela. Doces. Trabalhava às vezes. Ganhava o seu.
Eu não pedia nada, só que não me roubasse.
E que, se fosse embora, não voltasse mais.
Só isso que eu pedi.
Assim ele foi ficando.
E virou meu filho.
(Pausa)
Foi meu filho.
Eu não sei se fui sua mãe. Nunca perguntei.
Já não sei agora o que é.
Penso no seu corpo.
Gelado-inchado-podre-seco.
Penso no frio que ele sentia no inverno.
Penso no frio que ele deve sentir agora.
Penso em como deve estar apertado lá dentro. Com um vidro aqui.
(Silêncio)
Uma vez, ganhou uma televisão em um bingo da vila.
Estava feliz esse dia. Era colorida.
Deu de presente para mim. Por tudo, me disse.
Esse dia estava feliz. Foi a única vez que eu vi ele chorar. Não era de tristeza.
(Pausa)
Ia à escola e eu não ajudava com as tarefas. É que eu não sei.
Ele começou a saber.

E me contava as coisas que ele aprendia.
Eu só escutava.
Não tinha vergonha. Nem todo mundo precisa saber.
Não podemos ser todos doutores.
Alguém tem que cortar o cabelo ou cozinhar.
Terminou a escola. Fizeram uma cerimônia.
Diplomas, flores, fotos.
Foi bonito, os dois lá.
(Silêncio)
Depois que fez o serviço militar, começou a namorar.
O serviço militar foi demorado.
Eu sentia saudades dele.
Os dias demoravam a passar.
Tomava café sozinha e me entediava vendo televisão.
Saía pra caminhar à tarde.
Me encontrava com cachorros de rua que me seguiam.
Eu não gostava, mas não falava nada com eles.
Quando ele vinha pra casa, chegava com um frango assado.
Ele não gostava de batata frita, elas deixavam ele triste. Nunca perguntei.
Gostaria de saber agora.
Não te deixo mais sozinha, ele disse, quando voltou do serviço militar.
Deixou crescer o cabelo. Eu cortava às vezes. As pontas.
Eu gostava de cortar seu cabelo.
Era como fazer um carinho nele.
Eu não queria filho e de repente tinha esse.

(Silêncio)
Consegui emprego pra ele numa fábrica de embutidos que não ficava longe.
Como gostava tanto de salsicha temperada com cerveja.
Não sei. Achei que era um bom lugar pra ele.
Não sei se gostava, mas também não reclamava.
Eu acho que tinha acostumado.
(Pausa)
Eu estava acostumada com ele. Com ela também, depois.
Eles se conheceram no trabalho.
Os dois trabalhavam na fábrica de embutidos.
Ela já trabalhava lá antes. Era do sul.
Vinha lanchar, e depois ele levava ela no ponto de ônibus.
No dia do Teleton, a pensão onde ela morava pegou fogo.
Eu ofereci pra ela ficar aqui em casa um tempo.
Não foi mais embora.
Sempre tinha embutidos lá em casa. Por causa da fábrica.
Podiam comprar mais barato.
(Pausa)
Ele não quis seguir carreira militar. Não gostou.
Eu não me metia nas coisas dele.
Se ele não queria, ele não queria e pronto.
Eu pensava que era bom, porque ele ia ter plano de saúde.
Aposentadoria.
A única vez que falou palavrão aqui em casa foi quando disse "milicos cuzões".
Eu só ri.

Ele se desculpou. Nunca voltou a falar disso.
Vivíamos os três, contando com a namorada.
Os três juntos.
Os dois no quarto deles, lá atrás.
Eu chamava ela de "minha nora", mesmo que não estivessem casados.
Me tratava de "senhora".
(Pausa)
Quando eu escutava eles rindo de noite, me dava uma vontade enorme de rir. Não sei.
E ria sozinha. Baixinho.
Não dá pra escutar uma risada e não rir.
Eu já tinha os presentes comprados.
Era o primeiro Natal juntos.
Os três.
Ali estão, ainda.
Estão debaixo da árvore. Mas ainda estou pagando.
Comprei em prestações.
Está tudo, menos a calça que foram trocar esse dia.
As duas jaquetas e a calça dele.
A jaqueta dela, a jaqueta e a calça dele.
A sacola da calça dela eu vi jogada no chão do banco.
A TV mostrava da porta do banco pra dentro.
Não dava pra ver os corpos. As pessoas andavam de um lado pro outro e a sacola lá jogada.
(Pausa)
Não entendi.

Parei de cortar pra entender.
Era por onde eles andavam?
Se as pendências são resolvidas no centro,
o que fazia a sacola ali?
Se estava na mão dela, se iam só trocar a calça e voltariam,
o que faziam no banco?
Vales, cheques, décimo terceiro. Não sei.
Não sabia que tinham que ir ao banco.
Pensei que podia ser outra sacola.
Uma parecida, mas não a mesma.
Uma igual, mesma loja, mesmo papel, mas não a mesma.
Me assustei.
Fui até à vizinha. Me disse que tinham muitas sacolas iguais.
Não chegaram a almoçar.
Queimei o arroz.
De tarde chegou a polícia.
(Silêncio)
Fui reconhecer.
Seu corpo.
Eu tive que ir olhar. Ele, ali.
Deitado nesse metal. Estava gelado.
Tocar sua mão era tocar um copo de vidro.
Os corpos não são como copos de vidro.
Os corpos são corpos e os copos de vidro são copos de vidro.
O que fazia meu menino como um copo de vidro?
(Silêncio)
Essa é a última coisa que lembro.

Essa noite se apagou toda pra mim.
(Pausa)
Velamos ele na associação de moradores.
Chegou gente da fábrica. Do serviço.
Todos ficaram sabendo pela TV.
(Pausa)
Na TV, disseram que foram os do movimento Lautaro.
Nunca mais liguei ela.
Fica lá.
(Pausa)
A família dela veio pra Santiago.
Me ofereceram fazer a missa juntos.
Eu disse que não.
Nunca mais vi eles.
Eram evangélicos, parece.
Queria contar pra eles da calça e da jaqueta.
Que a loja não ficava no Farol de Apoquindo.
Que eu não mandei eles irem ao banco.
Que eu não sei que pendências andavam resolvendo.
Que meu menino não era do Lautaro.
Que tínhamos montado uma árvore.
Que foi ideia dela.
Que tinha ficado lindo.
Que não tinha estrela, só bolinhas.
Que eles riam de noite e que eu gostava de escutar.
(Silêncio)
Eu não queria ter filhos, e terminei tendo esse.

IV.

Às vezes sonho que me deixaram um neto homem e que tenho as unhas grandes.
Na verdade o menino não tem cara.
Quer dizer, tem, não é monstro. Tem, mas eu não vejo. Quer dizer, vejo, mas agora não me lembro como é.
Outras vezes, sonho que estou no sul, que vou pra um lago e nado.
Eu não sei nadar, mas no sonho eu sei.
O lago é verde e eu não vejo meus pés.
Me dá medo isso de não ver meus pés.
É estranho. Não sei.
Os pés são pés. Têm que ser vistos.
Eu não conheço o sul, o mais ao sul que conheço é a região centro-sul da cidade.
Nem o mar eu conheço.
Mas isso é uma coisa diferente.
(Pausa)
Eu, antes, não comia unha.
Elas eram grandes, como no sonho.
No salão eu atendia, lavava cabelo, depilava e varria.
Agora que minhas mãos estão assim, não deixam. Por causa da imagem. O salão. Só varro.
As meninas conversam comigo, falam pra eu não comer as unhas, mas não consigo. Não sei.
Não é de fome, de toda forma.

V.

Eu queria saber se o senhor pode fazer alguma coisa.
Eu vi no jornal. O que o senhor faz.
Eu tenho guardado uns recortes seus.
As pessoas acreditam em você.
Eu também quero acreditar.
Não é que eu não acredite.
Pegou mal isso, parece.
(Silêncio)
O dia que velamos foi o dia que colocaram ele no caixão.
"Saia", me disseram. Eu não quis. Queria olhar seu corpo de copo de vidro.
Colocamos uma camisa que ele não gostava.
Tinha que enterrar ele elegante, disseram.
Eu queria colocar nele a camiseta do time que ele gostava.
Não sei. Obedeci.
(Pausa)
Algumas vezes, de noite, não paro de pensar que ele não gostava da camisa. Que eu não posso mais trocar.
Que ele vai estar vestido com ela pra sempre.
(Pausa)
Dobrei a camiseta e coloquei na sua mão.
Tampei suas pernas com um cobertor. Ele era friorento. Me deu aflição.
O pessoal da funerária o acomodou e tudo.

Vi como colocavam algodões na sua boca.
Vi como colocaram cola nos olhos.
É que não podem ficar assim abertos, disseram.
Cola. Olhos. Tem coisa que não se deve dizer junto.
(Pausa)
Quando estava pronto, disseram que iam lacrar.
Que o caixão tinha que ser lacrado por causa do código sanitário.
Que dava pra ver ele se abríssemos a tampa. Que tinha um vidro.
(Pausa)
Enquanto lacravam, vomitei.
Eu imagino que tenha sido uma pera que comi sem lavar.
Nunca mais provei uma pera.
(Silêncio)
Eu estou sozinha aqui.
Os Penha são do norte. Não vivem aqui.
Não sei onde vivem.
Não tenho seus endereços, nem seus telefones.
Perdi uma caderneta onde tinha tudo isso.
Só sei que vivem no norte.
(Pausa)
Os Penha têm um mausoléu aqui.
A única coisa que tinha deles era um papel que dizia que uma gaveta do mausoléu era minha.
Os Penha deixaram uma gaveta pra mim.
Não vivem aqui, mas seus mortos estão aqui.

É estranho isso. Não sei.
(Pausa)
Não conheço os Penha.
Será que eles se esquecem também de colocar o 'h' deles?
Essa cova do mausoléu dos Penha era onde iam me colocar.
(Silêncio)
Quando colocamos ele na cova, vomitei de novo.
Não sei.
A pera, eu acho.
O moço do cemitério me ajudou. Me acompanhou até lá fora.
Me deu água e me ofereceu cigarro.
Eu não fumo. Não gosto. Esse dia, fumei.
Vomitei e fumei.
Pedi pra ele não fechar o túmulo. Que amanhã voltaria pra me despedir tranquila.
(Silêncio)
Não teve missa.
Só gente falando do meu menino.
(Pausa)
Meu menino copo de vidro com a camisa que ele não gostava.
Com as pernas tampadas.
Apertado dentro dessa caixa.
(Silêncio)
Quando voltei pra casa, tomei um café.
As meninas se ofereceram pra ficar. Eu só queria estar sozinha.
Deitada na cama dele. Com suas coisas.
Não sei a que horas dormi. Às seis já estava acordada de novo.

Quando abri os olhos, pensei que era um pesadelo.
Não sei.
Como se não fosse verdade.
Por um segundo imaginei escutar eles rindo e pensei que nada tinha acontecido.
(Pausa)
Me deram folga no salão.
Fui pro cemitério.
(Silêncio)
Primeiro, disseram que não.
Que não podia.
Eu insisti.
Que os túmulos têm que ficar fechados, disseram.
Que não pode deixar assim.
Eu ofereci dinheiro pra eles. Disseram que não.
Expliquei que só queria poder olhar pra ele.
Tomaram um susto.
Ele vai ficar horrível, disseram.
Gelado-inchado-podre-seco, eu disse.
Se olharam chocados. Um deles riu.
Não sei. Só riu.
Abrir a tampa, olhar e logo fechar. Só isso, eu disse.
Se olharam.
(Pausa)
Agachei em frente a ele.
Nem pensei.
Dava na mesma.

Só fiz.
Isso foi tudo.
Ele soube na hora o que eu estava oferecendo.
Ele fez o resto.
(Pausa)
O outro olhava.
Olhou por muito tempo. Abriu a braguilha e esperou.
(Silêncio)
Não tenho vergonha.
(Silêncio)
Vou todos os dias.
(Silêncio)
Entro.
Fico com eles.
Lavo a boca com uma bebida que compro na entrada.
(Pausa)
Abro a tampa.
Limpo o vidro.
Olho pra ele.
(Pausa)
Seu corpo atrás do vidro.
Daqui dá pra ver.
Gelado-inchado-podre-seco.
(Silêncio)
Escuto o silêncio dele.
Converso um pouco com ele e vou trabalhar.
Tenho o dia todo sua imagem aqui.

(Silêncio)
O corpo é estranho.
É como se ficasse vazio.
As meninas dizem que vai pra onde está Deus.
Elas não sabem nada do que faço.
Não sei.
É pessoal.
Não é de vergonha, é porque é pessoal.
Eu vejo ele vazio.
Vejo ele, mas sem ele.
Vejo como ele é, mas diferente.
Gelado-inchado-podre-seco.
(Pausa)
Tento imaginar ele por dentro. Como nos desenhos dos seus livros.
É difícil, porque esses desenhos mostram as coisas separadas.
E dentro está tudo junto.
Está tudo escuro e apertado.
Depois vai ficando diferente.
Gelado-inchado-podre-seco.
Não me dá medo.
Não acho ele feio. Estranho, sim. Diferente.
(Silêncio)
Quando inchou, me deu pena.
Parecia que estava tenso.
Tem dias que está de cores diferentes.
Primeiro ficou amarelo.

Pálido.
Esverdeado.
Roxo.
Inchado.
(Silêncio)
Sei que agora ficará podre. Li no livro dele de Ciências Naturais.
A decomposição de um morto tem quatro etapas:
Gelado-inchado-podre-seco.
(Silêncio)
Os homens do cemitério não entendem.
Dizem que sou estranha.
Que isso não se faz.
Estranho eles, que gostam que alguém que não conhecem os chupe.
(Pausa)
Eu não falo com eles. Faço o que tenho que fazer e vou ver meu menino.
Eles me ajudam com a porta.
Depois vão embora.
Eu abro sozinha.
(Pausa)
Eu não achava que ele ia ficar assim tão rápido.
Gelado-inchado-podre-seco.
(Pausa)
Quando levei para ele ovinhos de chocolate, as formigas comeram.

Não sei por que me deu tanta pena. Chorei. Chorei por muito tempo.
Se as formigas comeram seus ovinhos, vão comer ele também?
(Pausa)
Converso com ele.
Conto as coisas que tenho que fazer no dia.
Às vezes, eu limpo o vidro. Fica embaçado.
Mas quase todo o tempo estou calada. Escutando o silêncio dele.
Observando como ficou o corpo.
Vai doer?
Pode doer o corpo se está vazio?
Se está vazio, pra onde foi o que estava dentro?
Pra onde ele foi?
(Silêncio)
Uma vez vi na TV um programa sobre os santos.
Há santos muito antigos.
Alguns desses santos não apodrecem.
É como se fossem de plástico. Ou de louça.
Não sei.
Abrem seu caixão e continuam como quando foram enterrados.
De tão puros, não apodrecem.
Não sei.
(Silêncio)
Meu menino não era santo.
Não sei como são os santos.

Mas, se meu menino fosse santo, acho que eu saberia.
Se fosse santo não estaria assim como está.
Não teria ficado dessa cor.
(Silêncio)
Então, eu queria pedir pro senhor uma coisa.
Antes que passe mais tempo.
(Pausa)
Pedir pro senhor se poderia fazer isso que faz.
Isso que disse uma vez no jornal que fez.
(Pausa)
Aqui tenho o recorte.
Essa história da menina do interior. Essa que o senhor despertou.
(Pausa)
Por favor.
Tenta ver se ele desperta.
Tenta ver se consegue agora.
Tenta, por favor, ver se meu menino foge desse frio.
Essa cor.
Tenta ver se meu menino desperta.
Por favor.
(Pausa)
Não vê que depois vai apodrecer?
Não vai dar pra fazer nada depois.
(Pausa)
Eu li no jornal que o senhor tem poderes. Que fez isso antes.

Que é tipo um bruxo, um esotérico.
Que faz trabalhos.
Por favor.
(Pausa)
Pode fazer isso?
Ainda pode despertar. Eu acho. Não sei.
Por favor, faz.
Por favor, tenta.
Por favor, meu menino copo de vidro.
Por favor, meu menino inchado.
Por favor, meu menino amarelo, pálido, esverdeado, roxo.
Por favor.
(Pausa)
Não vê que se apodrecer não vai dar pra fazer mais nada depois?

Tradução de Jessica Ribas, Luisa Lagoeiro e Sara Rojo

UMA MULHER SÓ

de Dario Fo e Franca Rame

O presente monólogo é o primeiro de uma coletânea de textos sobre a condição feminina, escritos e encenados em 1977 pelo casal Dario Fo e Franca Rame. O título do volume/espetáculo, *Tutta letto, casa e chiesa* (*Toda cama, casa e igreja*), ainda ressoa tristemente nos adjetivos "bela, recatada e do lar", que ocuparam a mídia e as redes sociais no Brasil de 2016, e faz-nos lamentar a atualidade do tema. A personagem aqui é uma dona de casa, feliz pela chegada, ao apartamento da frente, de uma nova vizinha, a quem confidencia dores e desejos, frustrações e dúvidas, enquanto se vê obrigada a responder às solicitações dos homens que dominam o seu cotidiano: o marido, o cunhado na cadeira de rodas, o vizinho que a observa da janela, o ex-amante, o filho pequeno, um credor e o pai de uma jovem grávida. O monólogo, irônico e engraçado, avança num ritmo que se acelera gradualmente e muda de tom, tingindo-se de trágico, à medida que a mulher aprofunda sua reflexão.

Elementos cenográficos: duas portas dispostas ao lado do palco, outra porta no fundo, à esquerda. A porta da direita é a entrada do apartamento, a da esquerda dá no quarto de dormir, a do fundo dá para a cozinha. No proscênio, há uma mesa comprida, sobre a qual estão um telefone, um rádio, um ferro de passar roupa, uma bacia pequena, uma escova de roupa. Diante da mesa há um banco. Além disso, há um móvel pequeno qualquer com uma bandeja em cima, contendo band-aids, faixas, álcool e uma pomada. Há uma espingarda de caça pendurada na parede. Uma cadeira. A cena representa a sala de jantar de uma família de classe média-baixa. O rádio ligado no volume máximo toca rock; a luz sobe lentamente. Dançando frenética, entra em cena uma mulher com uma cesta cheia de roupa para passar. Ela veste um robe decotado, bastante pretensioso. Aproxima-se da mesa dançando, coloca a cesta na mesa, pega um paletó de homem e, sempre dançando, dirige-se para uma janela imaginária no centro do proscênio. Sacode o paletó para tirar a poeira, levanta os olhos e para, demonstrando uma agradável surpresa ao descobrir a presença de alguém no apartamento da frente.

MULHER (*em voz alta para chamar a atenção*): Oi... Oi! Bom dia!... Quando você mudou pra cá?... Nem percebi... Achei que o apartamento tava vazio. Que felicidade... (*quase gritando*) Que felicidade... Não tá dando pra me ouvir? Ah, sim, claro... O rádio... Já vou desligar. (*desliga o rádio*) Desculpa, mas, quando fico sozinha em casa, se não deixo o rádio berrando, tenho vontade de me enforcar. Aqui (*se dirige para a porta da esquerda*) sempre deixo a vitrola funcionando... (*abre a porta, pode-se ouvir música*) Tá ouvindo? (*fecha novamente*) Na cozinha, o gravador... (*idem à porta da cozinha*) Tá ouvindo? (*fecha a porta novamente*) Assim, qualquer lugar que eu vou, tenho companhia. (*aproxima-se da mesa e começa a trabalhar: escova o paletó, prega os botões, etc.*) Não... no quarto não, só faltava essa! Não, lá no quarto fica a televisão... sempre ligada... no talo! Agora tá passando uma missa. Cantada!... Em polonês. Que língua! De papa! Não dá pra entender nada... É, gosto de todo tipo de música... Sendo música... fazendo barulho... me faz companhia. E como você faz para ter companhia? Ah, você tem um filho! Sorte sua!... Mas que burra, eu também tenho um filho... Quer dizer, tenho dois. Desculpa, é que tô tão feliz de falar com você que esqueci de um deles... Não, não me fazem companhia. A menina já tá grande, sabe como é, os amigos, as amiguinhas... O menino não, fica sempre comigo, mas ele não me faz companhia... Ih, dorme! Tá sempre dormindo! Faz cocô, come e dorme!... Mas não acho ruim, tô feliz em casa... Não me falta nada... Meu marido me trata como uma princesa!... Tenho tudo!... Tenho...

Minha nossa, quanta coisa eu tenho... Tenho geladeira!... É, sei que todo mundo tem geladeira, (*gabando-se*) mas a minha é de inox!! Tenho uma máquina de lavar roupa de vinte e quatro programas! Lava e seca... Como seca!... Já tive que molhar a roupa toda de novo pra poder passar... tava toda esturricada! Tenho panela de pressão... liquidificador importado, música na casa inteira. Que mais posso querer da vida? Afinal, sou só uma mulher... É, eu tinha, pagava por dia, depois ela sumiu; aí arrumei outra que também sumiu. Nenhuma empregada fica na minha casa... Como?... Não, não é por minha causa, não... (*sem graça*) É por causa do meu cunhado... Hum... ele passava a mão nelas! Passava a mão em todas elas! Bem ali... É doente... Tarado? Se ele é tarado, não sei, só sei que ele se engraçava com as moças... e elas caíam fora. Imagina você nessa situação: você ali, trabalhando e, de repente, sente uma mão por baixo... Ai, que ódio! E você tem que ver que mão tem o meu cunhado! Ainda bem que ele tem só uma!... Não, não, não é isso não! Foi um acidente de carro... Tão jovem, trinta anos, e ficou todo quebrado! Engessado da cabeça aos pés. Engessaram sentado que é pra ficar mais confortável... Bacana esse médico, né?... Deixaram só um buraquinho pra ele respirar e comer. Ele não consegue falar direito, só resmunga. A gente não entende nada. Não aconteceu nada com os olhos, por isso eles não engessaram... Deixaram de fora. A mão boba também tá de fora... porque tá boa. E, bom ... (*para sem graça*) Fico meio sem graça... a gente se conhece faz tão pouco tempo, não quero que pense mal de mim... Eh... lá... tá perfeito. E como tá! Até demais!! Ele tá sempre com vontade... cê me entende, né?... É, é isso que distrai ele! Ler, ele lê muito... Fica informado... Pornografia! O quarto dele tá cheio de revista nojenta, com um monte de mulher pelada... Cada posição desconfortável! Acho que depois das fotos essas coitadas vão todas pro gesso, que nem meu cunhado... Com toda aquela carne exposta, colorida... Parece mais uma propaganda de açougue. Se pego numa dessas revistas, na hora do almoço, não consigo nem fritar um bife... Dá vontade de vomitar... E daí, depois que as empregadas foram embora, fiquei aqui cuidando do meu cunhado. Sabe como é, faço isso pelo meu marido. Afinal de contas, ele é irmão do meu marido... O quê?! (*ressentida*) Não, ele me respeita, e muito! Só faltava essa! Ele sempre pede permissão antes de passar a mão em mim, sempre! (*o telefone toca*) Ai, deve ser meu marido. Ele liga sempre a esta hora. Pera aí... (*atende o telefone*) Alô?... O quê? Como é que é... Vai tomar no cu, seu merda! (*bate o telefone com força; fica furiosa; olha para a vizinha e dá um sorriso, quase que como para pedir desculpas*) Desculpa o palavrão... Mas, às vezes, escapa! (*volta a trabalhar nervosamente*) Não, não era meu marido, imagina!... (*furiosa*) Não sei quem é! É um porco safado! Liga uma, duas, três... mil vezes por dia. Diz cada coisa nojenta, cada palavrão... que nem tem no dicionário... Já até olhei no Aurélio... e não achei! Vai ver que ele é de fora... Doente? Olha, já tenho um doente em casa... Não sou cuidadora de todos os sem-vergonha do país, eu não! (*o telefone toca de novo*) É ele! Olha só o que eu vou fazer... Não vou deixar ele falar nem uma palavrinha. (*pega no telefone*) Alô, porco safado! Já vou avisando que a polícia grampeou meu telefone, e se... (*muda completamente o tom de voz*) Oi... (*volta-se para a vizinha tampando o telefone com a mão*) É o meu marido! (*fala ao telefone. Ela está muito sem graça*) Não, não era com você, querido... Pensei que fosse... Ah, tem um cara que liga sempre... perguntando por você!... Um grosso... que tá com muita raiva de você... Ele falou que você deve dinheiro pra ele... E eu, pra assustar, gritei "polícia!" (*muda completamente de tom de voz: surpresa, cada vez mais surpresa*) É, tô em casa... Aldo, juro que tô em casa! Espera aí, mas pra que número você ligou?... E se eu respondi, onde é que eu podia estar?!... Não saí! Como é que vou sair se você me tranca em casa?! (*se volta para a vizinha*) Ô amiga, olha que o meu marido... (*ao telefone*) Alô... Não, não tô falando com ninguém... É, eu disse amiga... É que de vez em quando, quando falo sozinha, eu me chamo de amiga... Não, não tem ninguém aqui em casa... Hã-hã, o seu irmão está, mas não tá aqui... Hã-hã, o menino tá dormindo... Hã-hã, já dei almoço... Hã-hã, já coloquei pra fazer xixi... (*seca e aborrecida*) E o seu irmão também! (*procura se controlar*) Mas quem é que tá nervosa? Só tava falando pra você ficar tranquilo que aqui em casa todo mundo já fez xixi!... Tchau, sim, não, não, sou feliz... sou feliz. Aldo, sou muito feliz. (*cada vez mais nervosa*) Tava passando roupa e rindo... Hã-hã, Aldo, sou feliz. (*gritando*) Sou felizzzz! (*desliga o telefone. Grita nervosa para o telefone. Olha a vizinha por um momento, séria e tensa, depois abre um grande sorriso silencioso e se acalma)* Viu? Tive que mentir... Não, ele não sabe do porco safado do telefone. Se eu contar, ele acaba brigando comigo!... Sei que não tenho culpa, mas meu marido diz que, se eles insistem, é porque percebem que eu gosto, ficam mais excitados e já vão se masturbando! E aí vou ficar sem telefone... Já fico trancada em casa... Prisioneira! Quando sai de manhã, ele me tranca... O supermercado? Ele é que faz... (*volta a passar roupa*) Bom, se acontece alguma coisa, ele me liga. Mas o que é que pode acontecer? Somos uma família tranquila... (*para de passar roupa de repente. Olha fixamente para um voyeur que está no apartamento de cima. Trata de cobrir os seios: o esquerdo com um babador, o direito... com o ferro de passar roupa – indicaremos o momento exato em que ela pressiona o ferro contra o seio. Em voz altíssima.*) Tô vendo você aí, viu? (*para a vizinha*) Me dá um minutinho. (*para o voyeur*) Não adianta esconder, viu? Tô vendo o binóculo brilhando no sol! (*coloca o ferro no seio e o tira rapidamente gritando. Para a vizinha*) Droga, passei meu mamá!! Lá não dá pra ver... É na janela em cima da sua... Era só isso o que me faltava hoje: o tarado do prédio da frente!... Tá vendo como são as coisas?! Uma mulher não pode nem ficar em casa passando roupa mais à vontade... Por causa daquele ali agora tenho que passar roupa de jaqueta de couro! (*gritando olhando para o voyeur*) Não é mesmo?... E de gorro!... E de capacete!... E eu, que nem sei andar de moto, vou cair e ficar toda quebrada que nem meu cunhado!... (*para a vizinha*) A polícia? Não, não vou chamar a polícia. Sabe o que vai acontecer se eu chamar? Eles vêm, fazem uma bela duma ocorrência, vão querer saber como eu tava vestida, na minha própria casa... Se provoquei o tarado do prédio com uma dança erótica... E, pra terminar, eu, só euzinha, vou ser processada por ato obsceno em local privado, mas exposto ao público! Não, pode deixar que eu resolvo! (*tira a espingarda da parede e a aponta para o voyeur gritando*) Mato você, seu porco safado! (*decepcionada*) Fugiu! (*volta-se para a janela do voyeur*) É só ver uma espingarda que foge! Seu covarde! Aparece aí, seu sem vergonha de binóculo!... (*coloca a espingarda na mesa. Volta-se para a vizinha*) Fiz você rir? Acha que eu sou louca? (*volta a passar roupa*) É melhor ser louca do que viver como antes. A cada dois meses engolia um vidro de Lexotan. Engolia toda pílula redonda que encontrava no banheiro... Até o remédio pra vermes do menino. Tudo por causa do desespero! Ou cortar os pulsos, como fiz três meses atrás!... É, os pulsos... Olha aqui... Olha a cicatriz... tá vendo? (*mostra os pulsos para a vizinha*) Não, amiga, desculpa, mas essa história dos pulsos não posso contar. É uma história particular e íntima. Fico meio sem graça... A gente acabou de se conhecer... (*muda completamente o tom de voz*) Será que eu conto? Não, não... Ah, então tá bom! Pode até ser bom... Quem sabe desabafo. É uma história triste! Pois bem... aconteceu por causa de um rapaz... quinze anos mais novo do que eu... que, além de tudo, parecia ser mais novo do que realmente era... Tímido, envergonhado... doce... delicado... Olha, fazer amor com ele ia ser igual... um incesto! Um incesto! Ah, eu fiz!... Como assim que coisa que eu fiz? Cometi um incesto! Fiz amor com o rapaz! E sabe o que é pior? Não fiquei com vergonha... ao contrário, fiquei feliz! Cantava de manhã até de noite... Não, de noite não. De noite, eu chorava: "Sua depravada", dizia pra mim. (*escuta-se um som de buzina vindo dos bastidores*) Licença, um minutinho... É o meu cunhado buzinando pra eu ir atrás dele. Pera aí, volto já. (*debruçando-se na porta da esquerda*) Que é, meu caro? Espera um pouquinho... Tô falando com uma amiga... (*o telefone toca. Fecha novamente a porta e corre para atender o telefone*) Alô... que foi, Aldo? Você acabou de ligar!... Vem aqui? Aquele do dinheiro? (*quase que para si*) E quem é aquele do dinheiro?!... Ah, aquele que telefona sempre... Tá, e o que eu tenho de fazer?... Tô presa dentro de casa, não posso fazer ele passar pela fechadura... Ah, tenho que fingir que não tô em casa... desligar o rádio, a vitrola, a televisão... Claro, você que sabe, você é que manda! Aliás, por você faço até mais! Sabe o que é que eu faço? Vou até o banheiro, me jogo na privada e dou a descarga! Ficou bravo?! Vai te catar! (*desliga o telefone. Está furiosa*) Disse que quando chegar em casa vai me encher a cara de tapa!... Em mim?! Se meu marido bate em mim?!... E como!! (*volta a trabalhar*) Ele diz que bate porque me ama, me adora! Que sou uma menina que precisa de proteção... e, pra me proteger melhor, ele é o primeiro a abusar de mim! Me deixa presa em casa como uma bonequinha boba, me bate... e depois, de repente, quer trepar!... É, sexo! E ele não tá nem aí se eu não quero, se não tô com vontade! Tenho que estar sempre pronta, sempre! Igual Nescafé! De banho tomado, perfumada, depilada, sensual, disponível, desejosa, mas calada! Só tenho que respirar e dar um gritinho de vez em quando pra ele pensar que tô gozando. Ah, mas com meu marido eu nunca gozo! Não sinto nada... eu... não consigo ter... (*fica muito envergonhada, não acha a palavra certa. A vizinha lhe sugere uma*) É isso, é... essa é a palavra... Que palavra! Que palavra!! Nem consigo pronunciar! Orgasmo! Parece o nome de um monstro nojento... Um cruzamento de pato com orangotango. Já tô até vendo a manchete no jornal: "Orgasmo adulto foge de circo americano!", "Freira agredida no zoológico por orgasmo doido". E quando dizem: "Alcançou o orgasmo", até parece que tô vendo um pobre coitado alcançar o ônibus depois de ter corrido feito doido atrás dele... (*ri*) Ah, com você é a mesma coisa, é?... OR-GAS-MO!! Que palaaavra!! Com tanta palavra por aí... Não podia ser, por exemplo, "assento"?... É, assento... Daí, quando alguém disser "Alcancei o assento", primeiro, ninguém vai pensar que a pessoa fez coisa feia, segundo, se estiver cansada, pelo menos pode descansar! (*ri divertindo-se*) Onde é que eu estava?... Ah é, desculpa, mas essa coisa do orgasmo me fez perder o fio da meada. Com meu marido, não sinto nada! Nada! Espia como é com o meu marido... Olha só. (*senta-se num banco e ainda sentada fica rígida e alerta como se fosse um soldado*) E quando termina digo: "Descansar!"... Não, não em voz alta, senão ele me bate ... Pra mim... falo só pra mim. "Descansar!", e durmo relaxada. Não sei por que não sinto nada com meu marido.

Acho que é porque me sinto... bloqueada... me sinto... (*não consegue achar a definição certa. A vizinha faz uma sugestão. Mudando completamente o tom de voz*) Isso! Mas por que você demorou tanto pra mudar pra cá? Se você soubesse há quanto tempo tô pensando nisso... e é uma palavra fácil: "USADA"! É, usada, como o barbeador elétrico, o secador de cabelo... Pode ser também porque não tive muita experiência com sexo... Tive duas... Essa do marido, que não conta, e outra quando era menina. Eu tinha dez... ele doze. Um desajeitado! Espero que tenha melhorado depois de mais velho... A gente não sabia nada de sexo. Só sabia que os bebês vinham da barriga... Não, não senti nada... nada mesmo! Só uma dor terrível aqui. (*mostra o umbigo*)... É, aqui... no umbigo. É, porque a gente pensava que aqui é que era o lugar de fazer amor. E ele com o negócio... empurrava, empurrava... O meu umbigo ficou inflamado um tempão. (*ri*) A minha mãe pensou que eu tava com catapora outra vez! Não contei pro meu marido esse caso do umbigo... Eu não, porque depois de uns dez anos, sei lá se ele não ia jogar isso na minha cara: "Cala boca! E aquela história do umbigo, hein? Sua puta!" Não, não, fiquei caladinha. Contei prum padre... Me confessei... O padre me disse pra não fazer de novo. Depois, cresci... Não, não tive mais nenhuma experiência de sexo... Não, dessa do umbigo eu não gostei. Cresci, fiquei noiva, as minhas amigas me explicaram... No dia do casamento, na igreja, eu tava muito emocionada!... Cantava com todas as forças dos meus pulmões... Não, em silêncio... só pra mim... sempre faço tudo em silêncio... Cantava: (*canta*) "vem, amor... vem..." (*muda completamente o tom de voz, decepcionada*) E sabe quem veio? Veio meu marido! Ai, amiga, como fiquei mal na primeira noite... "Mas, como?! É só isso?!", eu me perguntava. Como fiquei mal na primeira noite! E na centésima também!... Me informar? E com quem? Bom, já comecei a ler revista feminina e descobri uma coisa! (*vangloriando-se*) Descobri... que nós mulheres temos pontos erógenos... que são os nossos pontos mais sensíveis ao toque do homem... (*decepcionada*) Ah, a amiga já sabia... Como a amiga sabe das coisas, hein? Mas a gente tem um monte de pontos erógenos, né? Na revista tinha um desenho de uma mulher pelada, toda dividida... Sabe, como aqueles cartazes que a gente vê no açougue, com o boi todo dividido em quartos e peças. E cada ponto erógeno pintado com uma cor chamativa, dependendo do grau da sensibilidade. Por exemplo, o lombo, vermelho fogo! A parte daqui, atrás do pescoço, aquela que os açougueiros chamam de "cupim", roxo; o contrafilé... (*muda de tom de voz*) Viu como aumentou o contrafilé?! Caríssimo!... Ah, sim, desculpa... (*retoma o tom descritivo*) O contrafilé, laranja! O filé-mignon... O filé-mignon é uma coisa!! Sensacional! Especial! Mas, com meu marido, não tem nada de lombo, nem de contrafilé, muito menos de filé-mignon! Nada! Não sentia nada! Mas me conformava porque pensava que era igual com todas as mulheres. Até que conheci o rapaz. Foi assim: a minha filha já estava grande e eu tinha menos coisa pra fazer. Daí, disse pro meu marido: "tô cansada de ser só dona de casa, queria fazer alguma coisa de intelectual, estudar uma língua... Inglês, por exemplo. Se um dia, quem sabe, a gente viajar pra Inglaterra, vai ser útil porque lá eles falam muito inglês!" Ele me respondeu: "Inteligente você, hein!" Aí, ele trouxe aqui em casa um moço, universitário, vinte e seis anos, que falava inglês muito bem. Depois de uns vinte dias, notei que o rapaz tava todo apaixonado por mim!... Como que eu percebi? Ah, se, por acaso, eu encostava a mão nele, quando falava um verbo, ele tremia todo... Se enrolava com o inglês que não dava pra entender nem uma palavra! Eu não tava acostumada com todo aquele sentimento, só com as apalpadelas do meu cunhado, com o porco safado do telefone, com as rapidinhas do meu marido. Sentia umas ondas de amor... Tum, tum... que batiam no meu estômago... Tum, tum! Uma gastrite nervosa! Aí, disse comigo mesma: "você tá caindo no pecado!" Chega, parei com o inglês! O rapaz não gostou nadica... Toda manhã, quando ia fazer compra, ele tava lá, no portão, me esperando. Pálido, triste... com uma jaqueta branca... lindo! Como era lindo! Parecia o Marcello Mastroianni mais jovem! Olhava pra mim com aquele olho azul... Não, não, amiga... O Mastroianni não, mas ele tem olho azul... Então, ele olhava pra mim com aquele olho azul... E eu falava pra ele... (*falando em voz baixa*): "Vai embora... não sou a mulher certa pra você... Vai embora... eu podia ser sua mãe! Procure uma moça da sua idade... (*gritando*) Vai embora!" (*muda o tom de voz*) Ele levava cada susto! Até que um dia ele fez uma coisa que eu nunca vou esquecer: desci para fazer compra, como de costume, e ele não tava lá no portão! Ai amiga, como fiquei mal! "Não tem importância, – disse pra mim mesma – ele se conformou." Fui na direção da nossa praça, aqui embaixo, e aí uma coisa me chamou a atenção: todos os muros das casas estavam pichados de tinta vermelha: "Te amo Maria!" Maria sou eu... Tava escrito também: "I LOVE YOU!" Ele escreveu em inglês pra ninguém entender! Corri de volta pra casa. "Chega, tenho que esquecer... tenho que esquecer..." E, pra esquecer, comecei a beber!... Licor de jurubeba! Amargo! Como é amargo o licor de jurubeba, amiga! Mas por que tem que ser tão amargo?! Engolia feito remédio. E ficava aqui, com todas as minhas amarguras, com o rádio cantando, o telefone tocando, o meu cunhado buzinando... (*escuta a buzina do cunhado*) Ah, falando no diabo! (*vai até a porta da esquerda*) O que você quer? Fica bonzinho. Agora não posso... tô conversando com uma amiga. (*ouve-se um som agudo e feroz de buzina que atrapalha a conversa das mulheres*) Malcriado! (*para a vizinha*) Se a amiga soubesse os palavrões que ele me diz com essa buzina! Um dia desses atiro cunhado e cadeira de rodas escada abaixo... quatro andares... (*outro som furioso de buzina. Obs.: a buzina é um símbolo fálico. A mulher fica furiosa também*) A última buzinada tem que ser sempre sua, né! Onde eu tava mesmo? Ah, sim... tava aqui, bêbada... não, não a ponto de cair... alegre... Toca a campainha. Quem era? A mãe do rapaz! Que vergonha! Me disse: "Não me leve a mal, mas estou desesperada. Meu filho está morrendo de amor pela senhora. Não come, não dorme, não bebe... A senhora precisa salvar ele!! Vá pelo menos fazer uma visita". O que é que eu podia fazer? Também sou mãe! Fui. Entro no quarto do rapaz... ele tava na cama... branco feito papel, magro, triste... sem a jaqueta branca... Quando me viu, desatou a chorar... Eu também... e a mãe dele também... Depois a mãe dele saiu do quarto. Ficamos sozinhos. (*muito sem graça*) Ele me abraça... devolvo o abraço. Ele me dá um beijo... eu... dou um beijo nele. E depois... (*com um gesto de mão mostrando que o rapaz tenta tocar um dos seios dela*) "Para!" Ele ficou todo assustado dessa vez também. "Preciso te falar uma coisa. Não tenho vergonha de dizer que também gosto de você, ou melhor, eu te amo. (*aumentando cada vez mais o tom de voz*) Te amo, te amo, te aaamo!" Como eu gritava!!... O licor de jurubeba!! (*sempre gritando*) Te aaamo! (*mudando o tom de voz*) Tanto que depois me disseram que todos os vizinhos do prédio correram pra janela: "Quem é que ama neste prédio?" "Tem alguém que ama alguém no quarto andar?" "Não, ninguém daqui, deve ser no segundo..." Que vergonha!! Ainda bem que não me conheciam... (*grita novamente*) "Te amo! Mas não posso fazer amor com você: tenho dois filhos, um marido, um cunhado!" Ele já foi pulando da cama, pelado... peladinho da silva! Pega uma faca que tava ali, aponta pra garganta e diz: "Se você não fizer amor comigo... eu me mato!" (*mais do que sem graça*) Ah, mas eu não sou uma assassina, amiga! Sacrificar a vida de um jovem rapaz só por egoísmo? Jamais! Tirei a roupa em oito segundos... e... dei pra ele! (*mudando o tom de voz. Muito doce*) Uma coisa, amiga... doce... os beijos... as carícias... A amiga precisava ver! Os beijos... as coisas que ele me dizia... as carícias... Bendita faca! E foi assim que descobri o que é o amor, o AMOR. Não aquela coisa com o meu marido... eu por baixo e ele por cima: TRAM TRAM TRAM, uma britadeira! O amor é uma coisa doce... muito doce... Voltei no dia seguinte. E no próximo. E todos os outros dias... Mas o que é que você tá pensando?! Ele tava doente! E quando eu voltava pra casa ficava completamente atordoada... Mas como por quê?! Chegar na minha idade e descobrir que existe no mundo uma coisa que eu pensava que só acontecia no cinema... Meu marido, quando me viu assim abobada, pôs na cabeça que eu bebia. Trancou o jurubeba! Que idiota! Depois ficou desconfiado. Começou a me seguir. Um dia, eu tava lá, no quarto do rapaz... em pé, pelada... ele também tava lá, em pé, pelado. Eu tinha acabado de chegar: "Como vai? Bem, e você?" A porta se abre de uma vez só e entra meu marido, vestido! Ele não sabia o que dizer, e daí eu falei: "Ah, é você?" Olha, amiga... isso de ficar ali, em pé, peladona, com um estranho, peladão, e meu marido de terno, não é uma coisa que acontece todos os dias! A amiga precisava ver o que ele me respondeu! "É, sou euuu! Sua sem-vergonha!"... Me xingou de sem-vergonha... Que, fala sério, não era a palavra certa. Daí, começou a gritar como um doido. Queria esganar o rapaz, ao mesmo tempo que queria me esganar. Mas meu marido só tem duas mãos e, por mais que apertasse, ele não conseguia... E eu ainda colaborava... ajudava, como não?... Colei o meu pescoço no pescoço do rapaz, fechei a boca, parei de respirar.

Eu vou morrer, pelo amor de Deus! E nada! De repente, o meu nariz começou a respirar sozinho... O meu nariz é independente!! Chega a mãe, a irmã, a avó... E eu ali, nua como vim ao mundo, com o nariz independente. Fujo pro banheiro, me tranco pelo lado de dentro... pego uma gilete que tava lá, e: zum zum, zim zam. Cortei todas as minhas veias! Eu procurava... Tem uma aqui: zum! Outra: zam! Fiz uma lambança! Quanta veia a gente tem, né?! Já ia cortando de comprido... Pra morrer logo!... Mas meu marido queria acabar comigo ele mesmo. Típico, né? Arrombou a porta e quando me viu ali, toda suja de sangue... vermelho... Tenho um sangue vermelho, vermelho, viu?... Falou: "Não vou mais te matar. Vou te levar pro hospital". Me enrolou toda num cobertor bem grosso, que era pra não sujar o carro... Me levou pro hospital... e depois me perdoou... Ele foi muito bom para mim. Mas, daquele dia em diante, me tranca em casa... Eu sei, é sequestro... Sei que é proibido por lei... A polícia? Ah, mas que mania de chamar a polícia... Você tem algum parente na delegacia? Não posso chamar a polícia... Eles vêm aqui, a história do rapaz vem à tona... daí, com certeza, vem o divórcio... e, com certeza, meu marido me tira as crianças e, de brinde, ainda me deixa o cunhado mão-boba! Não, não, olha... eu... (*o telefone toca. A mulher atende o telefone*) Alô. (*Em voz baixa, emocionada*) Meu querido, por que você tá me ligando? (*gritando para a vizinha*) É o rapaz! (*retoma o tom de voz "íntimo"*) Te suplico... você não pode me ligar mais!... Mas como posso ir te ver se eu fico trancada em casa?... Você vem abrir?! E com que chave?!... (*assustada*) Não, não vai fazer isso... alô, alô... (para a *vizinha*) Desligou! Tá doido, doido! Ele disse que vem aqui abrir a porta... Com um arame!... É, sei que ele não vai conseguir abrir a porta, mas vou morrer de vergonha se passa um vizinho e vê um estranho mexendo na minha porta com um pedaço de arame! (*alguém bate na porta*) É ele... já tá aqui! (*vai até a porta de entrada, assustada*) Vai embora, o meu marido já tá chegando... (*muda de tom de voz*) Quem é o senhor?... Dinheiro? Que dinheiro? (para a *vizinha*) Meu Deus, que encrenca! É aquele do dinheiro, o cobrador. (*para a porta*) Não tem ninguém em casa... Estou, mas... sou a empregada... Falei "meu marido" porque ele é o cozinheiro... Não, os patrões não estão. Foram fazer um cruzeiro... de carro... Olha, tenho ordens de não abrir a porta, não falar, não ligar o rádio e nem a vitrola... E, depois, mesmo que quisesse, não podia abrir a porta porque não tenho a chave... (*à parte*) Ó, meu Deus, o que foi que falei? (*para o credor*) Não tenho a chave porque... porque eles me trancam aqui dentro... A minha patroa tem certeza que eu "robo"... e agora... Não, não precisa se preocupar, não vou morrer de fome, tem muita comida aqui... A polícia? Por que quer chamar a polícia? (*consigo mesma*) Não é possível, deve ser parente da vizinha... (*aponta para a vizinha, depois, rapidamente se volta para o credor*) Moço... Moço... (*olhando pela janela*) Foi embora, foi chamar a polícia... Acho que ele tá blefando. Ele fez isso só pra me assustar... (*batem na porta novamente*) Tão batendo na porta de novo... Quem será agora, amiga? O credor, a polícia, o rapaz doido? Não vou atender... (*batem com insistência*) Quer ver que é a polícia mesmo? (*escuta-se uma voz alta: Maria, Maria*) Meu marido! (*vai até a porta*) Aldo... por que você tá batendo na porta? Tudo bem que a campainha tá quebrada, mas você tem a chave! Abre essa porta!... Perdeu a chave?! Oh, mãe de Deus! E agora o que é que vai me acontecer? Vou morrer de fome, enterrada viva como aquelas criancinhas da Somália... eu, o menino, o mão-boba... Que morte, amiga, que morte!! (*para o marido*) Aquele cara veio aqui... é, aquele do dinheiro. Foi chamar a polícia... Não, ele não falou comigo, não sou burra!... Ele falou com a empregada... Que empregada? A gente não tem empregada?! Mas é claro que você tem empregada! Uma empregada, uma babá, uma faxineira, uma mulher que faz tudo, que lava tudo, e que é apalpada por todos!... Não, não tô nem histérica nem doida... e quero mais é que a polícia venha, assim a gente põe um ponto final nisso... É, vai... e não precisa voltar nunca mais! (*ela está furiosa. Procura desesperadamente um "palavrão" para jogar na cara do marido*) Seu, seu, seu... descompensado! (*se dá conta daquilo que disse. Volta para a mesa arrasada. Para a vizinha*) Sei tanto palavrão e olha o que eu falei pra ele: "Descompensado!!" Sou muito idiota mesmo! Bom, pelo menos falei alguma coisa! (*escuta-se um choro desesperado de recém-nascido*) O menino... (*assustada*) Ai, amiga, o menino tá chorando! É de dar medo sim! Desde que nasceu, ele nunca acordou! (*corre até a porta da esquerda, saindo de cena*) Mas o que você tá fazendo aqui no meu quarto? Porco imundo!

Acordou o menino só pra me fazer vir aqui... Mas o que você tá fazendo agora?! Para, não me puxa assim! Me larga! (*choro de criança recém-nascida*) Calma, fica calmo, filhinho. (*barulho de telefone tocando*) Desgraçado! Rasgou meu robe da C&A. A mamãe já vai, filhinho... E você, quando seu irmão chegar, a gente acerta as contas, você vai ver... (*entra em cena; o robe tem um rasgo até a altura dos ombros*) E quando ele voltar... (*atende o telefone*) Alô... (*furiosa*) Escuta aqui, agora chega! Se você não parar de ligar pra me falar essas porcarias, um dia desses eu perco a cabeça... meto... uma bomba no telefone! Te estouro a boca!! Seu sem-vergonha! Mas não tem vergonha mesmo! Sou mãe! O que é que você ia dizer se alguém dissesse essas sujeiras pra senhora sua mãe, de cabelos brancos, que faz crochê assistindo televisão? Ah, agora ele calou a boca! O porco safado calou a boca. Finalmente achei a palavra certa! A palavra que faz bater o coração dos homens: MÃE! (*pausa. Desliga o telefone*) É órfão! (*lança-se furiosa contra o aparelho telefônico*) Porco safado, sem-vergonha, porco safado!! (*para a vizinha*) A amiga viu o que o meu cunhado fez? Acordou o menino... (*chamando*) Ô amiga... amigaa... (*o bebê começa a chorar novamente. Decepcionada depois de olhar pela janela*) Ela foi embora... (*levanta o olhar*) Em compensação, o tarado do prédio voltou! (*levanta a voz para a porta da esquerda*) Fica calmo, filhinho, (*abraça a espingarda*) que a mamãe agora vai te mostrar como a gente acaba com um tarado. (*alguém bate na porta de entrada. Em direção do voyeur, em voz alta*) Espera aí que eu acabo com você em dois minutos... (*coloca a *espingarda em algum lugar, talvez na mesa, e vai até a porta)* Quem é?... Pelo amor de Deus, vai embora. O meu marido, a polícia e o credor tão pra chegar... *(ouve-se alguém mexendo na fechadura)* Não mexe na minha fechadura com o seu arame... que você não vai conseguir abrir a porta... *(ouve-se o barulho de uma fechadura se abrindo)* Abriu? Minha nossa, abr... Não, você não vai consegui entrar... vou colocar a trava... *(faz a ação de colocar a trava)* Socorro! *(corre até a mesa)* Ô amiga, amiga... ai, ainda bem que você voltou... O doido do rapaz conseguiu abrir a porta... Não, ele não pode entrar porque coloquei a trava... É, agora vou dizer pra... *(vai até a porta. Surpreende-se ao ver a mão do rapaz que entra em cena através da fresta da porta)* Tira já essa mão daqui de dentro... *(a mão chama, insistentemente, a mulher)* O que você quer?... Segurar a minha mão? Você tem que entender que meu marido tá para chegar... *(o rapaz insiste)* Que teimoso! Tudo bem, mas depressa... *(Dá a mão para o rapaz, que tenta puxar a mulher para si)* Mas que coisa... não dá pra passar pela fresta... *(o bebê chora)* Me deixa, o meu filhinho tá chorando, ele tá com fome. Vai embora! *(tira a mão do rapaz da fresta e vai até a porta da cozinha)* Vai embora e tranca a porta com o seu arame! Melhor ainda, deixa o arame lá na portaria que meu marido perdeu a chave... *(para o bebê)* Calma, filhinho, que já tô levando a papinha. *(entrando na cozinha vê que a mão do rapaz ainda está forçando a porta pela fresta. Pega uma colher grande de plástico)* Vai embora! Olha que eu perco a paciência... Olha que eu te castigo... *(ameaçadora)* Olha que te dou uma facada com essa colher, que te corto todos os dedos... Não acredita?! (*aproxima-se do rapaz e bate a colher com força na sua mão. O rapaz dá um grito. A mulher, assustada, olha para a colher e depois corre até a janela*) Amiga, dei uma facada nele com a colher... O que é que eu faço agora, amiga?... Patentear a colher? Mas o que você tá dizendo?!... Desinfetar? Claro, tem razão, tenho que desinfetar... Não, eu tenho, meu marido não deixa faltar nada em casa... (*Pega o álcool que está na bandeja em cima do móvel e corre para o rapaz*) Fica quieto... Não, não arde, não, esse é de criança. Coitado, coitado, que corte que eu fiz! Sou uma assassina... Me perdoa! Agora vai... Um beijo? (*beija a sua mão*)... Na boca? Não, na boca não te dou nada!... Não, sinto muito, mas a trava eu não tiro... A minha cabeça não passa na fresta, tenho orelha!!... Como você é teimoso! (*enfia a cabeça na fresta da porta*) Me deixa... me deixa... aiiii... a cabeça! Ficou presa na porta! Empurra, empurra... não com a boca, seu burro! Com a mão! (*tira com dificuldade a cabeça da fresta*) Ai, que dor! (*distancia-se alguns passos. O rapaz bate freneticamente na madeira da porta*). Chega! (*o rapaz insiste*) Você acha que isso é hora de fazer batuque na minha casa?! (*o rapaz tenta, sem sucesso, tirar o braço da fresta*) Vai embora!... O que está acontecendo?... Que tragédia! (*corre até a janela*) Ai, amiga, amiga... a mão dele ficou presa na porta!... Ele vai ficar velho aí, com o braço agarrado na minha porta... Meu marido vai me estrangular! (*desesperada*) O que é que eu faço?... Ah, é, água e sabão... igual tirar anel do dedo... (*grita para o voyeur*) Vai embora! (*para a *vizinha*) Quente, vou colocar água quente que é melhor... (*pega a bacia pequena que está na mesa. Para o voyeur, desesperada*) Seu, seu, seu maníaco! (*rodando atarefada pelo cômodo*) Uma olhadinha no tarado do prédio, a água quente para o rapaz, a papinha do filhinho, (*o cunhado toca a buzina*) uma apalpadela do mão-boba. (*o telefone toca*) O porco safado do telefone! (*vai até o telefone*) Alô, seu porco safado! (*muda de tom de voz: pensa que é o marido. Fria*) Oi... Como? Quem é o senhor?... Me desculpe, pensei que fosse meu marido... Não, meu marido não está, se quiser pode falar comigo... Hã-hã... (*ri consigo mesmo*) Sabe de uma coisa? Felicidades e passe bem!! Olha que o senhor discou o número errado... É, aqui mora um homem, mas meu marido só engravida a mim!... Não?!... A sua filha também?! (*pega de surpresa*) Ele não me disse nada... Que sem-vergonha! Quantos anos a sua filha tem?... Dezesseis!?... Olha, desculpa, mas o senhor, em vez de deixar sua filha de dezesseis anos engravidar de marido de outras mulheres, devia trancar a menina dentro de casa! Eu, nessa idade, meu marido tranca dentro de casa, e o senhor tem que trancar... Grosso! (*devolve o xingamento. Para a vizinha*) Ele me chamou de puta! O meu marido engravida a filha dele e a puta sou eu! (*O rapaz, batendo na porta, tenta chamar a atenção da mulher*) Me deixa em paz! Não tá vendo que tô passando por uma tragédia em casa?... Meu marido tá grávido! (*entra na cozinha de onde sai rapidamente com a bacia pequena em uma mão e a papinha do bebê na outra*) Já vou, já vou, filhinho... Ai, como tá quente essa papinha! (*entra no quarto)* Cheguei, querido... Fica quieto, estúpido... não me puxa... Cuidado que a papinha está quente! *(ouve-se um grito do cunhado)* Ai, minha Nossa Senhora! *(volta à cena)* Amiga, o que foi que eu fiz!... Derramei toda a papinha nos olhos dele... Não, não no menino, no meu cunhado!... Que é que eu faço? *(vai correndo para o quarto e entra em cena empurrando um carrinho de bebê em que o cunhado está sentado todo enfaixado como uma múmia: é um boneco, ele está com uma buzina nas mãos, todo engessado. Para a vizinha)* Hipoglós? Tá bem, vou passar hipoglós nele. Tenho sim, meu marido não deixa faltar nada em casa. *(para o rapaz que bate na porta de novo)* Me deixa em paz! Queimei meu cunhado! *(pega a pomada da bandeja. Corre até o cunhado e passa a pomada na parte queimada)* Cheguei... tá doendo? Ê, mas você também, hein! Te avisei que tava segurando papinha quente... Bem quieto com essa mão... *(faz mímica de estar sendo agarrada pelo cunhado-manequim)* Me larga, me larga... *(tenta se livrar dele, sem conseguir. Fica furiosa)* Olha que jogo água fervendo em você! *(o cunhado a solta)* Ah, finalmente você entendeu, né? *(corre até o rapaz segurando a bacia pequena)* Depressa, coloca a mão na bacia... Não, não tá fervendo. Eu disse só pra assustar meu cunhado... *(o rapaz coloca a mão na bacia pequena. A água está fervendo. O rapaz grita e tira rapidamente o braço)* Tá fervendo?! Bom, pelo menos você conseguiu tirar a mão. Ah, vai embora, vai... Te machuquei? Passa um pouco dessa pomadinha, vai... *(passa a pomada no rapaz através da fresta da porta. Percebe que ele agarra sua mão para se masturbar. A mulher tenta inutilmente livrar-se do rapaz*) Mas o que você tá fazendo?! Me deixa... Tá doido?! Me deixa. Cuidado que, se alguém passar por aqui, te levam pra delegacia com porta e tudo! Me deixa! Você tá me ofendendo... Tá me faltando com o respeito... Olha que vou te castigar... Vou te castigar!... Ah, não acredita, né? Olha! (*faz mímica de puxar com força o rapaz e fecha violentamente a porta. O rapaz grita e foge. A mulher fica desesperada. Tira a trava da porta e a escancara. Volta tristíssima para a mesa e começa novamente a conversar com a vizinha*) Ele merecia!... Porque ele me decepcionou... Pensava que ele fosse "O AMOR"... ao invés disso... é um porco safado como todos os outros... (*está desesperada*) Amiga, não aguento mais... (*ouve-se o bebê chorando*) não aguento mais... O meu filhinho... vou ver meu filhinho... ele é o único que me importa... (*vai na direção do quarto, mas para quando o telefone toca. O cunhado também começa a tocar a buzina*) Calado! Calado, cretino!! Para! (*choro do bebê, som do telefone tocando e da buzina do cunhado; tudo, de uma vez só. A mulher se descontrola*) Chega! Chega! (*pega a espingarda e aponta para a garganta*) Vou me matar, vou me matar... (*a mulher para de repente e, em total silêncio, escuta com muita atenção o que a vizinha está lhe dizendo*) É... É... (*segura as lágrimas com dificuldade*) É verdade! (*coloca a espingarda na mesa*) O que eu tava fazendo? Deus do céu... Deus do céu... obrigada, amiga... Ainda bem que você mudou pra cá... É, vou fazer isso... Que bom conselho a amiga tá me dando... (*som prepotente da buzina do cunhado*) Sim, meu caro, cheguei, tô aqui, todinha pra você! Vem. (*barulho feliz da buzina*) Vem... (*aproxima-se do cunhado e empurra o carrinho de bebê pela porta de saída*) Vamos dar um lindo passeio erótico! (*ela o atira para fora de cena. Grande queda, depois uma sequência de som de quedas e de buzinas*) Cuidado com a porta de vidro!! (*grande estrondo de vidro quebrado*) É o primeiro!! (*choro do bebê. A mulher se dirige ao quarto. Quando chega ao meio do palco, para e dá uma olhada na direção do voyeur. Sorri languidamente. Cumprimenta-o. Lentamente, com movimentos sensuais, se aproxima da mesa e lhe manda beijos. De repente, pega a espingarda e dispara contra o voyeur*) Pronto, o tarado do prédio não vai ver mais nada! (*está indo na direção do filho quando é impedida pelo telefone que toca. Responde com uma voz terrível*) Alô!! (*muda de tom de voz*) Aldo? (*é quase doce*) Hã-hã, tô calma... hã-hã, aqui tá tudo tranquilo... hã-hã, pode subir... tô te esperando. (*Desliga. Para a vizinha*) Não, amiga, não se preocupe (*pega a espingarda*). Tô calma... muito calma... (*apoia-se na mesa, apontando a espingarda para a porta de entrada*) Eu espero... com calma.

Black-out. Música.

Tradução de Julianete Azevedo e Ana Maria Chiarini

BEATRIZ

de Stefano Benni

Stefano Benni nasceu em Bolonha, na Itália, em 1947. O autor já publicou mais de trinta livros, entre romance, poesia e teatro. Seus livros foram traduzidos em várias línguas como portugês, inglês e francês, embora ainda seja pouco conhecido no Brasil. Além disso, romances do autor já foram mais de uma vez finalistas do Premio Bancarella, um prêmio anual de literatura realizado na Itália.

Beatrice está na coletânea *Le Beatrici*, publicada em 2011 pela editora italiana Feltrinelli. Trata-se de um monólogo em que a famosa Beatriz, musa de Dante Alighieri, conversa com um público contemporâneo e mostra, de modo leve e divertido, por que, para ela, ser a inspiração do autor de uma das obras primas da literatura italiana não é tão bom quanto parece.

Uma moça com um belo vestido medieval está jogando tarot em uma mesinha. Canta:

"Flor de baunilha
O tempo passa e ninguém me conquista
Todas vão se casar
E eu Dante tenho que esperar"

(Todo o texto com sotaque italiano)

Ah, é engraçada a vida na Idade Média. *Anzi*, Idade Média, dizem vocês. Eu digo 1284, mas podem chamar como quiserem, às épocas só se dá o nome depois. Das ditaduras por exemplo, falam mal depois, mas, durante, todo mundo leva a vida numa boa. Querem ver?

Eu sou a Beatriz que o destino prediz, leio as cartas e sei tudo do futuro. Sobre o tempo que vocês vivem agora... *(Olha as cartas)*

Mamma mia, não tem um nome para chamar *quello là*... Meninas, mantenham distância desses mulherengos. Mas não posso falar de política, senão dá problema. Estão pintando e bordando com o Narigudo, com os guelfos e os gibelinos e os brancos e os negros e com todo mundo.

Quem é Narigudo? Me desculpem, me refiro assim ao Alighieri. Minha mãe diz: "não dê sorte ao azar porque ele é um poeta notável e imponente", mas também tem um notável e imponente nariz! Sai fora! Tem um bico que parece um gavião, parece... *ecco*! Uma cafeteria! Mesmo que ainda não tenha sido inventada.

Enfim, ele é um poeta, mas xinga e fica puto e manda todo mundo pro inferno. E não gosta de Pisa nem de Arezzo, nem dos papas e arcebispos. Mais cedo ou mais tarde, o tiram de cena a pauladas.

E eu ligo?

(*em voz baixa para o público*) Olha, vou contar um segredo para vocês: *Io non sopporto quello là*!

Quando me viu pela primeira vez, eu tinha oito anos, ele nove. Nem pra me dizer "ei, quer brincar comigo? Eu te dou um *gelato*...". *Ma no!* Fez dez poesias de dois mil versos, o pirralho.

Nos encontramos só uma vez ano passado, eu tinha dezoito anos, e desde então desapareceu na neblina.

É tímido, dizem. E depois ainda completam: "como você é sortuda! Aquele é um poeta, vai te dedicar a obra prima da literatura italiana, vai te fazer famosa, é como se fosse... como se fosse... um '*sponsor*'... um patrocinador! Sabe quantas gostariam de ser cantadas por ele?"

Va bene, mas eu sou uma mulher, e não uma serenata.

De jeito nenhum eu posso esperar que ele termine a obra prima, me transforme num anjo e, enquanto isso, eu aqui, a recatada do lar. Aos 19 anos, na Idade Média, já se está na sala de espera pra virar uma solteirona. Nós não temos *lifting*, nem antibióticos ou aeróbica. Aos 25 anos, solteirona e carrancuda ou tísica. Ou ainda pode acontecer uma loucura, como com a Julieta, puff, que bateu as botas aos 15 anos. Ou como a Ofélia.

Eu consigo ver nas cartas o que vai acontecer *(torna-se sombria)*, talvez eu morra aos 25 anos, aqui está escrito que vai ser assim.

E, enquanto isso, eu tenho que ficar aqui, esperando o bardo... e isso nem soa bem como frase...

Além do mais, *bello non è*. Passa a vinte metros de mim, percebo que me olha, suspira, coça o bico, mas nunca toma uma iniciativa. Vem logo, meu Dantinho! E vê se me dá um presentinho, um anelzinho, sei lá, não pode me convidar para ir ao cinema, mas podemos ir ver a cheia do rio Arno...

Dizem "seja paciente, ele é um poeta, vai te dar seus versos".

Hum, grande coisa!

Já me escreveu um verso, que eu vou te contar!

"TÃO GENTIL E HONESTA PARECE"

Claro que os letrados entendem que PARECE funciona ali como APARECE. Mas os do Burgo San Jacopo, aqui em Florença, quando eu passo, ficam falando: "Vejam a Bia, a Beatriz Portinari.. Sabe o que é? Muito gentil e honesta... PARECE"

E ficam rindo. Que belo serviço me fez o gavião narigudo!

Ah, escutem esses versos:

"Beatriz voltada para a esfera superna;
Fixa com o olhar estava, e o meu olhar nela
Fixei, solto da grã lanterna.
Por dentro a sua visão me fez ficar
Qual ficou Glauco, aquela erva ao sorver,
Que igual aos deuses o tornou no mar."

Ah, eu olho fixa a esfera de quê? Pareço uma idiota! POR DENTRO A SUA VISÃO ME FEZ FICAR, me fez ficar... te fez ficar como? *E questo* Glauco que come erva, *chi è*? Um bode?

Imagina um cara que chega em casa e toda noite te fala assim: "Me fez ficar, me fizera, o que me tivera feito, o que fizeras hoje?", "o que se fizera esta noite?"

É que, na Idade Média, a gente tem que ser como nossos pais querem.

Se meu pai banqueiro me escuta falar assim, me manda para um convento.

Porque na Idade Média, minhas queridas, se você não obedece seu pai e sua mãe, nada de drogas, nada de viagem ao exterior com o Minas Mundi, nada de psicanalista, nada de faculdade. Nós vamos é direto pro convento, *capisci*?

E poi, esses poetas são uns grandes hipócritas, escolhem uma pra santificar e saem com as vadias. Todos no Bordel da Mara, fora dos muros de Firenze, e vocês sabem bem que versos fazem.

Como os políticos de vocês, viva a família, os valores cristãos e, depois, todos trepando por aí!

E eu, ao contrário, tão gentil e honesta devo parecer. Devo andar de cabeça baixa. Eu vejo todos os cocôs de cachorro no caminho da minha casa até a Praça de Santa Maria Novella.

Mas eu aprendi a andar assim, olha só *(dá três ou quatro passos)*...

Mantenho a cabeça baixa, depois levanto como vocês viram... uma visão, o paraíso, as esferas supernas, a santinha e, em vez disso, olho atravessado.

E olho os caras.

E vejo o Battistone, aquele que joga futebol. Sim, o futebol florentino.

Agora é um jogo clandestino, mas daqui a cem anos todos conhecerão.

Battistone tem um metro e noventa, dois ombros, dois olhões!

Com a camisa roxa e cinza. E sabem que agora tem aquelas calças apertadas que... dá pra ver certos... volumes dentro... sim, claro, alguém pode simular, pode enfiar uma meia, ou uma garrafa de sidra, é, sidra, a coca-cola medieval... mas no caso do Battistone, é tudo dele mesmo! Sei com certeza por causa de uma amiga minha.

Allora, ou o narigudo Alighieri se declara, me mostra o extrato bancário, me assegura que... *La Commedia* que está escrevendo terá um certo sucesso, e, sobretudo, me dá um presentinho, um anelzinho ou um colar ou uma joinha, ou eu, uma noite dessas, me cubro com um manto e fujo de casa.

Vou para a praça *Santa Croce*, onde treinam em segredo, vou para a casa do Battistone e digo a ele "*Ciao, bellino*, eu sou a Beatriz, aquela cantada por Dante. Sabe que entre nós meninas famosas e vocês jogadores de futebol sempre rola um *feeling*...", e ele, lindo, mas um pouco rústico, vai me dizer "que porra você quer dizer com *feeling*?", e eu vou dizer "vem, vem, *amore mio*, vem que eu te levo lá, embaixo da ponte do Arno, e te explico."

E, pra explicar o que acontece depois, o Dante não serve, vamos precisar do Aretino, o Catra medieval. *(ri)*

Não sou angelical? Não sou séria?

E quem disse que eles é que devem escolher? Chega desse poeta que escolhe uma musa inspiradora. De agora em diante, quem decide somos nós! A mim, você não canta! Faço o Chico Buarque me cantar, *va bene*?!

Aliás, faço o Battistone cantar pra mim. Ele faz belas serenatas com três rimas, mas são sinceras, porque ele tem coração e também tem sidra. (*olha para a janela*) Guarda! *Che bella luna*! Quem sabe como brilha lá no Arno. E eu sou jovem, quero ser livre. Sabe o que eu acho? (*cobre-se com o manto*) Vou sair esta noite, que talvez amanhã me façam casar com o Narigudo ou com outro poeta famoso de quem eu não gosto e pode ser que eu me arrebente no primeiro parto.

Vai, Beatriz, que é uma linda noite de aventura.
E depois, foi ele que escreveu, né?!
Tão gentil e honesta PARECE. *(sai e canta)*

"Flor de ameixinha
as minhas poesias escrevo sozinha"

Tradução de Alessandra Ribeiro, Isabella Andrade, Jussara de Oliveira, Marcela Gomes Batista, Paula Albernaz Vieira, Vinícius Tonet e Anna Palma

MONÓLOGOS TRÁGICOS – *HÉCUBA* DE EURÍPIDES

Reúnem-se aqui trechos de monólogos de figuras femininas da tragédia *Hécuba*, de Eurípides (424/423 a.C.). A tradução foi realizada pela Trupe de Teatro Antigo (Truπersa). A característica do coletivo Truπersa é desenvolver traduções em conjunto, reunindo helenistas e latinistas, diretores de teatro, atores, músicos, encenadores, bailarinos. Os textos são inicialmente vertidos por especialistas e, em seguida, submetidos à apreciação da Trupe e à prova do palco. A tradução textual, nesse momento, ajusta-se à cênica e vice-versa. Dirigem a adequação filológica e artística e a corporificação do texto o diretor de tradução e o diretor de cena, respectivamente. A composição da Truπersa para a tradução e encenação dos trechos selecionados – e que integram a tragédia mencionada – foi a que se segue:

Euripidis Fabulae, vol. 1. Gilbert Murray. Oxford: Clarendon Press, 1902.
Projeto Perseus: http://www.perseus.tufts.edu

Atores de tradução: Bruno Scomparin, Carlos Gomes, Cristiano Elias, Claudio Vultaggio, Douglas Silva, Felipe Coelho, Marina Pelucci, Maxwell Heringer, Nathalia Thomazella, Rafael Silva, Serena Rocha, Vanessa Brandão; participação especial de Anna Thereza Brioschi Scomparin
Direção de tradução: Tereza Virgínia Ribeiro Barbosa
Atores de cena: Alice Mesquita, Beatriz Novaes, Cristiano Elias, Gabriel Demaria, Guilherme Colina, Serena Rocha, participação especial de Maria Viana
Direção artística: Anita Mosca
Assistente de direção artística: Anselmo Bandeira
Músicos: Clarice Viana, Manuela Barbosa, Fábio Viana
Revisoras: Manuela Ribeiro Barbosa e Tatiana Chanoca

Contexto: Depois da guerra de Troia, Agamêmnon e seu contingente retornam para Argos levando consigo as mulheres rapinadas da cidadela troiana. Entre elas está a rainha-mãe, protagonista da peça, Hécuba. Ela vai corporificar o sofrimento extremo de uma mulher, pois descerá da posição de esposa do rei governante, Príamo, para se tornar servidora na casa de Ulisses, seu predador. Além disso, vamos vê-la, já envelhecida, recebendo simultaneamente a sentença de morte de sua filha mais jovem, Polixena, e o cadáver do filho Polidoro, assassinado por seu guardião Polimetes.
Os monólogos escolhidos são falas de Hécuba e da moça priâmida filha de Hécuba e Príamo. O primeiro trecho traz Hécuba a interceder, junto a Ulisses, em favor de Polixena; a soberana suplica ao herói que seja revogada a imolação da donzela herdeira de Troia.

Aiai... Eis aqui, suponho, um baita jogo 229
empapado de gemidos, nada seco de prantos.
E eu, ara! Eu que não morri quando devia morrer!
E Zeus que não me esmaga! Adverso, ele me vigora pra
que veja outros tantos de sumos males, eu, a mona.

(...) 251

E tu, não te corróis com tais decididos, tu que,
de mim, aturaste quanto aturar dizes, e por nada
bom nos executas, malfazendo o mais que podes?
Semente chocha a vossa, os que dos falastrões
os prêmios invejais! Antes nem me conhecêsseis,
os que entrevam os amigos sem pestanejar,
se tendes brecha de algo falar pr'as turbas.
Mas, então, por qual falcatrua foi que os chefes
tiraram voto de morte pra esta menina aqui?

De duas uma: a precisão os levou a imolar gente
sobre a tumba – onde mais convém abater bois –
ou, reclamando justa barganha de mortos,
Aquiles, contra ela aqui, mais um crime somou.
Mas ela, contra ele lá, mal algum jamais executou.
[a Helena, a ela deviam sangrado voto em lápide
pedir! Ela, sim, a ele derruiu e arrastou pra Troia.]
E se precisão havia da sortelha duma acossada
pra morrer, a mais formosa, isso de nós não virá!
A Tindárida, sim, tem o mais aviltante primor
e ela, não menos que nós, se deixou desbriar.
Eu, de cá, com brio, este pleito disputo!
Urge que devolvas o demandado por mim;
escuta! Tocaste, tal qual dizes, minha mão
ao caíres perante esta cara velha aqui.
De volta eu te toco, no mesmo lugar, e o
tributo de outrora eis que te rogo e suplico:
não me roubes das mãos o fruto, e vós
todos, não mateis! Já há mortos que chega! Esta;
com ela me alegro; desanuvio meus temporais.
Contra tudo e todos, ela aqui é fôlego, aragem,
ancoragem, sustento, apoio e rumo.
Não cabe aos chefes chefiar o que não lhes cabe,
nem aos bem-fadados pensar bem acabar sempre;
eu também um dia fui, j'agora não sou mais,
um só dia toda alegria me levou.
Então, ó viso amigo, poupa-me, tem

compaixão! No que fores até a tropa dos
acaios, sustenta que é vileza mulheres
abater, elas que, dos altares, antes,
excarcerastes; não matastes, mas consolastes.
É assim qu' entre vós, acerca do sangue,
lei igual vigora sobre livres e cativos.
O renome, o teu, mesmo que fales mal,
se impõe: é que palavra igual - venha de
afamados ou difamados – igual não abala.

[A súplica de Hécuba não é atendida. Ulisses se mostra inflexível. Polixena, que presencia o embate, ultrajada, responde, à altura, ao acovardado Ulisses.]

Te reparo bem, Odisseu, debaixo da capa,
a mão direita escondida, o rosto de viés,
virado, modos pra que eu nem te roce o queixo.
Ousa! Tu te safaste de meu Zeus Protetor!
Assim, mercê do fado, eu te sigo, vou ansiada
por morrer. Fato é que, se isso eu não anseio,
mais pareço mulher qualquer em ânsia vital.
De que me vale viver? Esta, cujo pai era
chefe-mor dos frígios todos, na primavera da vida!
Afinal, me enchi de gorda presunção: fui a
prometida de reis! Tida, com não pouca inveja,
face à casa, fogo-altar e bodas de quem me levasse!
Eu, a dominada, dona entre as troianas era,

entre mulheres e moças, de longe mirada,
tal qual os deuses... de menos só no morrer.
E agora escrava sou. Mas antes, só o nome – que
trivial não é – ânsias me dava de morrer!
Vai que de donos de bruto peito, acaso, um me
chegasse, um que por prata me comprasse –
a parente de Heitor e de tantos outros –
um que juntasse a desgraceira de cozinhar em
casa, de limpar a casa, de enliçar na tecelagem
e me fadasse a carregar soturnos dias!
Minha esteira, um d'algures, escravo comprado,
encardirá a que digna dos déspotas fôra.
Nunca, jamais! Varro desses olhos livres
o fulgor! Entrego meu corpo ao Hades.
Escolta-me, Odisseu; no escoltar, me finas.
Alento sem anelo nem glória alguma vejo
pra nós, ao cumprir à risca, um dia, o que carecia.
Mãe, tu, ó, não sejas pra nós pedra no caminho;
Fala nada. Nada executa. Joga de morrer junto
comigo, não vá acertar na desglória da vergonha.
Eh... quem não usa provar o amargo, aguenta,
mas se condói com o jugo posto no pescoço!
E morto ele seria muito mais feliz que
vivo! É que viver sem brio é luta mor.

(...)

Mãe, obedece-me! E tu, filho de Laertes,
poupa as mães visivelmente aflitas;
tu, lutuosa, não combatas potentados.
Buscas te resvalar e despencar no chão,
arrastada à força pela tua velha carne
e, por braço novo lacerada, te rasgares?
Passarás por isso? Ah, tu, não! Não é justo.
Auê, mi'a querida mãe, dá-me a mão louçã,
encosta lábio com lábio, face com face!
Pois de novo nunca mais, agora, só e ao
derradeiro, verei a roda e o fulgor do sol.
Colhes as palavras que ultimei enfim.
Ô senhora dona mãe, abismo vou abaixo.
(...)
Escolta-me, Odisseu! Velada, cabeça sob véus,
antes de me abaterem, alma enregelada sou, co'a
melúria desta mãe, estilhaço-me com seus ais.
Deixem-me; ressumbra, ó luz, teu nome,
marcho. Nada de permeio há, exceto um certo
tempo entre o cutelo e a pira de Aquiles.

1ª EDIÇÃO [2019]

Esta obra foi composta em Mercury e Bodoni
sobre papel Pólen Soft 80 g/m² para a Relicário Edições.